四川省成都市郫都区友爱职业技术学校 2021 年立项四川省省视域下中职公共基础课程教学的实践研究的阶段研究成果。

中职学科融合教育

理论与实践研究

陈芳 著

九州出版社
JIUZHOUPRESS

图书在版编目（CIP）数据

中职学科融合教育理论与实践研究 / 陈芳著. -- 北
京：九州出版社，2024.2
ISBN 978-7-5225-2669-0

Ⅰ．①中… Ⅱ．①陈… Ⅲ．①中等专业教育－研究－
中国 Ⅳ．①G719.2

中国国家版本馆CIP数据核字(2024)第049878号

中职学科融合教育理论与实践研究

作　者	陈芳 著
责任编辑	赵晓彤
出版发行	九州出版社
地　址	北京市西城区阜外大街甲 35 号（100037）
发行电话	(010)68992190/3/5/6
网　址	www.jiuzhoupress.com
印　刷	永清县晔盛亚胶印有限公司
开　本	787 毫米 ×1092 毫米　16 开
印　张	6.5
字　数	125 千字
版　次	2024 年 2 月第 1 版
印　次	2024 年 2 月第 1 次印刷
书　号	ISBN 978-7-5225-2669-0
定　价	78.00 元

前　言

五育并举是国家新时代全面育人之大政方针。2018 年 9 月 10 日，习近平同志出席全国教育大会并发表重要讲话，强调坚持中国特色社会主义教育发展道路，培养德智体美劳全面发展的社会主义建设者和接班人。习近平同志指出，要努力构建德智体美劳全面培养的教育体系，形成更高水平的人才培养体系。国家也连续出台相关政策文件，强调教育要以新的方式推进立德树人工作，坚持"五育并举"，强化综合素质培养，着力提升教育质量。在中职学校的课堂中，教学的目的是为生产服务、为生活服务的；教学内容是面向学生的实际生活，对接职业岗位标准，基于工作过程开展教学，通过生活进行教学；教学活动是在学生已有的知识和经验基础上实现有效的教学。

教育部办公厅印发《中等职业学校公共基础课程方案》（教职成厅〔2019〕6 号）文件指出，公共基础课程是中等职业学校课程体系的重要组成部分，承载着落实立德树人的根本任务、发展素质教育的功能，是培养学生思想政治素质、科学文化素养等的基本途径，对于促进学生可持续发展具有重要意义。其中强调中职公共基础课程要彰显职业教育特色，注重与专业课程的融通与配合，形成协同育人合力，为培养德智体美劳全面发展的高素质劳动者和技术技能人才提供重要的保障。根据中职学校就业岗位对技能的需要，现在用人单位在重视人才专业技术的同时，亦重视人才的学理素养、信息素养，未来的工作岗位要求中职学生具有丰富的理论知识、高超的技能与扎实的文化基础，因此，在中职公共基础课程教学中，学校不仅要重视技能训练，同时应关注学生的文化素养培养，为学生的可持续发展奠定基础。

本书共分为九个章节，第一章主要从中等职业教育的概念和分类、中等职业教育的发展模式、中等职业教育发展的核心问题阐述中等职业教育的现状；第二章主要从立德树人五育并举及学科育人方面阐述中等职业教育的价值；第三章主要从课程融合的内涵辨析、基本特征及主要价值阐述课程融合视野下中职基础学科教学。第四章主要从重构课程内容、变革基础学科教学方式、教学评价体系及教学反思机制，阐述课程整合视野下中职基础学科教学策略。第五章到第九章，主要通过基本策略、实践案例两个版块进行数学、语文、英语、思政、信息技术 5 门基础学科与专业课程实施融合教学的成果展示。

本书在撰写的过程中，参考和借鉴了大量关于中职学科融合教育的书籍及资料，在此向有关专家及学者致以诚恳的谢意。感谢张春晓、顾玮、谢加丽、李敏在本书中提供融合教学课堂实践案例。当然，由于时间仓促和精力有限，本书难免存在不足之处，恳请广大读者批评指正。

目 录

第一章　中等职业教育的现状

第一节　中等职业教育的概念和分类

一、职业教育的由来

（一）什么是职业教育

职业教育是一种教育类型，而不是一种教育水平，是指导受教育者获得某一职业或生产性工作所需的职业知识、技能和职业道德的教育，包括初级职业教育、中等职业教育和高等职业教育（本科职业教育和研究生职业教育）。职业教育和通识教育是两种不同的教育类型，它们同等重要。

职业教育的目的是培养应用型人才和具有一定文化水平和专业知识技能的社会主义劳动者和社会主义建设者，与普通教育和成人教育相比较，职业教育侧重于实践技能和实际工作能力的培养。

（二）职业教育的分类与制度

职业教育分为学历职业教育和非学历职业教育两种类型。学历职业教育主要是指以国家颁发的文凭为主要评价标准的初等、中等、高等职业教育，包括技术中学、技术学校、职业高中、高等职业学校。非学历职业教育是以市场上各种培训机构的形式开展的获取某些职业知识和技能的教育，包括招聘考试、技能培训和资格考试培训等培训和学习过程。

（三）职业教育的特点

在原始社会，人们过着刀耕火种、男人耕种、女人编织的生活。生活环境很差，社会生产力也很低。为了在原始社会中生存和延续，人们必须教育下一代，并将生活的知识、技能和经验代代相传。由此可见，人类最早的教育活动是职业教育，职业教育起源于生产活动。

随着社会的发展、手工业的发展、城市的繁荣，传统的生产学习方式已经不能满足社会的需要。特别是在 19 世纪中叶，西方国家已经完成了工业革命，机器开始取代体力劳动，工厂取代家庭作坊，传统学徒制缓慢衰落。新的生产组织形式应运而生，这是时代的需要。随着工业革命的快速发展和传播，人才的培养需要迅速集中，集中培养的方式应运而生，学校职业教育开始走上历史舞台。

如今，职业教育逐渐趋向于学习与实践相结合，而不仅仅局限于培训和教育。职业教育也在办学、培养企业所需人才、"边做边学、边干边学"等方面逐步走向校企合作。在新世纪，随着经济发展的步伐加快，职业教育呈现出了一些新特点。

1. 档次更高

让全国许多省市都建立了一批规模更大、水平更高的标准化职业学校，效果显著。这是职业教育自身发展的必然趋势，但市场经济和社会发展也对职业教育提出了新的要求。

2. 标准明确

职业教育标准化的本质要求我们加强科学管理和标准化建设，以提高学校办学的质量和效率。只有高质量的职业教育才能在市场竞争中生存发展。教育部和地方行政主管部门先后颁布了各项规章制度，使我国职业教育逐步走向标准化和现代化。

3. 形式多样

随着社会经济体制和产业结构的变化，学校教育形式的多样化成为必然。各种形式的教育加速了职业教育的发展。

4. 模式创新

根据职业教育、企业、社会对培训目标的要求，在分析就业环境和职业目标的基础上，制订并不断修订教学计划和教学大纲，加强学校合作。从传统教学模式向新教学模式转变，以适应企业和社会的需要，培养学生的实践能力。如今，许多职业学校对原有的教学理念、教学内容、教学方法和教学形式进行了改革。例如，将年级组和学科组的原始管理转变为专业组管理，以加强专业教学目标的实施和生产管理项目的研发。积极开展基于专业特点的生产与教育相结合的有偿服务管理活动，将校园实践基地的消费实践转化为生产基地的创收实践。这是职业教育领域的一个新趋势，反映了职业教育和教学领域改革的方向。

5. 注重效率

职业教育是现代经济快速发展的产物。它的起点、活动过程和目的都具有明显的经济特征，反映了"经济人"的意志。其本质是工人的智力发展。职业教育的目标更适合于社会和经济水平的需要。适用性强、市场需求大的专业培训是最流行的，如金融、计算机、外语等。学生往往根据工作的实际需要选择与职业相关的培训专业，希望通过学习和培训将所学到的知识直接应用到实际工作中，从而带来直接的经济效益。对实用主义的追求需要将知识直接转化为经济价值，它不同于通识教育中系统知识的传播，是职业教育可持续发展的内在动力和最终目标。

二、中等职业教育的概念

（一）什么是中等职业教育

中职的全称是中等职业教育，是高中阶段教育的一部分。高中阶段教育分为普通高中和中等职业教育两个部分。中等职业教育培养技术型、技能型人才，使学生通过职业课程学习及实践掌握技术技能，毕业后能顺利找到工作，也可以参加对口升学。中等职业教育为社会输出技术人员，在整个教育体系中处于重要的位置。

（二）中等职业教育的特征

招生对象。中等职业教育学校一般主要招收初中毕业生或具有同等学历者和高中毕业生。

基本学制。中等职业教育学校招收初中毕业生的基本学制一般以 3 年为主；招收高中毕业生的基本学制一般以 1 年或 2 年为主。在以就业向升学转向的专业人才培养定位下，中职这校积极调整实习时间，确保课堂教学时间。

专业目录。为贯彻《国家职业教育改革实施方案》，加强职业教育国家教学标准体系建设，落实职业教育专业动态更新要求，推动专业升级和数字化改造，教育部组织对职业教育专业目录进行了全面修（制）订，形成了《职业教育专业目录（2021年）》。《目录》按照"十四五"国家经济社会发展和 2035 年远景目标对职业教育的要求，在科学分析产业、职业、岗位、专业关系基础上，对接现代产业体系，服务产业基础高级化、产业链现代化，统一采用专业大类、专业类、专业三级分类，一体化设计中等职业教育、高等职业教育专科、高等职业教育本科不同层次专业，共设置 19个专业大类、97 个专业类、1349 个专业，其中中职专业 358 个、高职专科专业 744个、高职本科专业 247 个。

培养目标。中等职业教育学校培养与中国社会主义现代化建设要求相适应，德、智、体、美、劳全面发展，具有综合职业能力，在生产、服务一线工作的高素质劳动者和技能型人才。他们能够将实现自身价值与服务祖国人民结合起来；具有基本的科学文化素养、继续学习的能力和创新精神；具有良好的职业道德，掌握必要的文化基础知识、专业知识和比较熟练的职业技能；具有较强的就业能力和一定的创业能力；具有健康的身体和心理；具有基本的欣赏美和创造美的能力。

课程设置。中等职业教育课程设置分为公共基础课和专业课两类。公共基础课包括语文、数学、英语、计算机应用基础、体育与健康、心理健康、德育等；专业课包括专业技术技能课和专业理论课。

（三）中等职业教育的作用

高中阶段教育（包括普通高中、普通中专、成人中专、职业中专、技工学校）是国民教育体系的重要环节，是学生从未成年走向成年、个性形成、自主发展的关键时期，肩负着为各类人才成长奠基、培养技术技能型人才的使命。2019年由国务院印发的《国家职业教育改革实施方案》明确提出，职业教育与普通教育是两种不同教育类型，具有同等重要地位。这是在国家层面首次公开肯定了职业教育的社会地位。普及高中阶段教育，必须把中等职业教育摆在重要位置。

职业教育要确立类型地位，首先体系要完善，应涵盖中等教育、专科教育、本科教育三个学制层次，这就必须有中等职业教育。今天的技能人才培养，已不是单一学制层次能完成的任务，而是要通过整个职业教育体系持续培养才能完成的任务。仅仅在高等教育层面实施职业教育，会使职业教育因缺乏根基而后继乏力。中等教育层面的强制分流必须坚持，因为它是职业教育体系存在的基础。普通高中能为学生提供更好的文化知识基础，但学生接受高等职业教育所需的职业意识基础、技能基础和专业知识基础，却只有中等职业教育能够提供。

从更大范围应用型人才培养体系构建看，也离不开中等职业教育的基础功能。培养应用型人才，不是单一学制层次、单一类型教育能够完成的任务，它需要对整个教育体系进行系统设计，而中等职业教育必须在其中扮演重要角色。应用型人才培养体系构建对中等职业教育基础功能的需求，是由技术知识及其思维模式的独立性决定的。科学与技术是平行而又密切互动的两个体系。技术知识并非科学知识直接应用的结果，而是有它自身的生产逻辑，技术知识在思维模式上与科学知识也有本质区别。技术相对科学的独立性，要求建立基于技术知识的、具有相对独立性的应用型人才培养体系。这是我国发展应用型人才培养体系的哲学基础。

应用型人才培养体系构建至少在三个意义上离不开中等职业教育。一是技术思维模式培养需要从高中阶段开始并采取职业教育形式进行。如果没有中等职业教育做基础，技术学科课程很难完全实现开设的初衷。二是应用型人才的能力复合化、边界模糊化要求其培养从高中阶段开始。高中教育如何打破文理教育占绝对主导地位的框架、引入专业教育，应成为当前高中教育改革的重要议题。三是应用型人才以实践为基础的能力特征要求其人才培养以中等职业教育为基础。应用型人才的高移化、纵向复合化并非意味着其能力结构中不再需要实践能力，而是需要高水平应用理论知识和高水平实践能力的复合。只有把应用理论知识学习与实践能力训练相结合，才能培养出真正符合需要的应用型人才。

三、中等职业教育学校的分类

中等职业教育学校（以下简称中等职业学校）是指根据国家有关规定批准设立，实施全日制中等学历教育的各类职业学校，包括公办和民办的普通中专、成人中专、职业高中、职业中专、高等院校附属中专部以及技工学校等。

（一）职业高级中学

与普通高中不同之处在于职业高中重点培养中级职业能力的职工和从业人员，职业高中分各种专业，而普通高中不分专业。职业高中对学生的要求是：具有能直接从事某一职业的技能知识、职业道德和操作技能；对于文化基础课，要具有相当于普通高中的水平。

（二）普通中专

普通中专是全日制普通中等专业学校的简称，曾是中等专业学校最常见的一种，区别于成人中专（含职工中专）和常见的职业中专。

（三）成人中专

成人中专也叫成人中等专业学校，是指成人教育中以实施"中等职业教育"为主的学校，即以实施"成人中等专业教育"为主的学校，属于中等职业学校、中等专业学校。

（四）技工学校

技工学校简称为"技校"，以培养中级技术工人为主。技工院校逐步发展为技工学校、高级技工学校、技师学院三种层次类型。技工院校教学更重视劳动技能的培训，学生毕业后一般都已经掌握了相应的劳动技能，步入社会可以胜任某种劳动岗位（工种）。

第二节　中等职业教育的发展模式

放眼世界，不少国家都有适合本国经济发展的职业教育基本模式。最重要的有德国的"双元制"模式、澳大利亚的 TAFE 模式、美国的 CBE 模式、英国的 BTEC 模式、新加坡的教学工厂模式。

目前，我国职业教育课程发展已走出简单的借鉴移植阶段，形成了一些比较成熟的开发模式，产出了一批富有特色的职业教育课程开发成果，主要有六种："宽基础、活模块"模式、"工作过程系统化"模式、"项目课程"模式、"工学一体化"模式、"任务引领型"模式、"课证共生共长"模式[1]。

"宽基础、活模块"模式（简称"KH 模式"）主要吸纳了 CBE 模式和 MES 模式的技能模块化思想，也吸纳了德国"双元制"课程思想，经过 30 年的研究和推广，目前已成为中国特色职业教育课程的基本模式之一。

---

[1] 佚名. 全球主流职业教育模式纵览 [J]. 山西教育（管理），2023(02)：50-51.

"宽基础"体现职业的宽泛技能，注重学生可持续发展；"活模块"体现岗位的具体技能，强调课程教学内容与职业资格标准对应。总体来看，这一课程模式结构清晰、操作简单、通专结合、评价便捷，适合中国人的思维习惯，因此，很快被学校教师、政府官员和职教研究者广泛认可。

不过，该模式在设计思路上没有摆脱传统基础课、专业课、实践课的"三段式"课程体系，而且校企之间的即时互动性不足。

"工作过程系统化"模式和"工学一体化"模式都是德国"学习领域课程"在中国的"修订版"。

两种模式名称不同，本质上并没有什么差异，都强调工作过程和工学结合，只是前者在"系统化"方面有其独特性。随着国家级重点中等职业学校认定工作和国家示范性高等职业院校建设计划的推进，这两种课程模式普及至全国。特别是，"工作过程系统化"模式后来被写入职业院校国家精品课程评审标准之中，使其在实践应用中更加广泛[①]。

"项目课程"和"任务引领型"两大模式诞生于上海，两者名称不同、机制相同。

"项目课程"这个概念由来已久，早已在企业培训中被普遍应用，并产生了许多理论和实践成果，而且"项目导向""项目教学"这些概念被写入国家职业教育文件，并在实践中持续推广。因此，当项目课程作为学校职业教育课程的开发模式出场之后，也就被很多职业院校理所当然地作为课程改革的必然选择。

相比较而言，"任务引领型"课程模式的影响稍小一些，该模式是上海市教委在"十一五"期间推出的一项中等职业教育课程教材改革举措，因其成效显著而被国内许多中职学校和技能训练中心采用，一些高职院校教师也将之引入其课程改革实践中。

"课证共生共长"模式是由深圳职业技术学院与华为公司在长达10年的校企合作实践中探索出来的，其最大优势在于牵住了"课程"和"证书"这两个"牛鼻子"，使人才供需两端相向而行[②]。

基于 STEM 教育理念构建课程体系。由于中等职业教育中专业方向设置繁多，全国范围内没有统一的课程标准，但是课程的体系构建，需要各院校结合地方经济发展特点及社会所需开设相应的课程，进而满足学生就业或者升学所需，同时职业教育因其具有实践性而区别于普通教育，所以课程内容应具有实用性和实践性两大特点[③]。有学者基于职业能力培养的视角，对于职业院校的实践教学体系的构建进行了综述研究，强调了职业院校培养人要重视"职业性"的特点，实践教学是培养职业能

① 徐平利. 从世界到中国：职业教育课程典型模式的比较和慎思 [J]. 中国职业技术教育，2021(32): 23-29.

② 佚名. 全球主流职业教育模式纵览 [J]. 山西教育（管理），2023(02): 50-51.

③ 杨晶，吴建国，田雨. 从 STEM 教育视角谈我国中等职业教育发展新方向 [J]. 科技风，2020(36): 66-67.

力和职业素养的最主要的途径和手段。在此基础上，根据部分中职学生学习缺乏积极主动性的特点，学校相应地开设一些具有趣味性、体验性、探究性、情境性和设计性的活动课程，激发学生学习兴趣的同时强化学习。也有研究者对中职语文综合实践活动课程进行了探索和设计，目的是为了提升中等职业院校的教师的综合素质同时，提高中职学生的知识运用能力和实践能力。与此同时，学科融合课程的研究近几年也成为以课程体系建构领域的一大热点，目的在于跨学科进行教学，这对教师和学生都提出了较高的要求[①]。针对中等职业院校的课程体系建构，整体上是从其职业性的特点出发，重点在于培养学生的综合素质，这与 STEM 教育的理念是相通的，因此，需要教师在充分理解 STEM 教育内涵的提前下展开课程活动或者实践项目，通过多学科、跨学科的课程整合，构建多元融合的课程体系。

社会在变革，社会对职业教育的需求也在不断变化。一些传统的工作和工作岗位逐渐消亡。另一些新技术和新工种雨后春笋般的出现，例如计算机网络、信息技术、无线通讯、多媒体、图形设计等。即使是一些貌似传统的工作岗位，也要求工作人员掌握计算机技术和分析技能。

在这样的形势下，职业教育一方面要对已有的劳动力加强继续教育，使他们能够适应社会的进步和工作性质的变化；另一方面要改革教育，以培养新一代的劳动力。

第三节　中等职业教育发展的核心问题

当前的中等职业教育，仍然不容乐观。普通高中教育与中等职业教育发展不协调，表现为普通高中大班额比例高、职业教育招生比例持续下降和学校运转困难等 3 个突出问题。中等职业教育要走出目前的困境，自身也需要进行深化改革。

一、回归中等职业教育的初心与宗旨

（一）中职教育全面落实"五育并举，融合育人"的要求

五育并举是国家新时代全面育人之大政方针。2018 年 9 月 10 日，习近平同志出席全国教育大会并发表重要讲话。习近平同志指出，要努力构建德智体美劳全面培养的教育体系，形成更高水平的人才培养体系。国家也连续出台相关政策文件，强调教育要以新的方式推进立德树人工作，坚持"五育并举"，强化综合素质培养，着力提升教育质量。

在中职学校的课堂中，教学的目的是为生产、生活服务的；教学内容是面向学生

---

① 杨晶，吴建国，田雨 . 从 STEM 教育视角谈我国中等职业教育发展新方向 [J]. 科技风，2020(36): 66–67.

的实际生活，对接职业岗位标准，基于工作过程开展教学，通过生活进行教学；教学活动是在学生已有的知识和经验基础上实现有效的教学。

（二）中职课程全力推进学生个性化学习和可持续的发展

教育部办公厅印发《中等职业学校中职课程方案》（教职成厅〔2019〕6号）文件指出，中职课程是中等职业学校课程体系的重要组成部分，承载着落实立德树人的根本任务、发展素质教育的功能，是培养学生思想政治素质、科学文化素养等的基本途径，对于促进学生可持续发展具有重要意义。其中强调中职中职课程要彰显职业教育特色，注重与专业课程的融通与配合，形成协同育人合力，为培养德智体美劳全面发展的高素质劳动者和技术技能人才提供重要的保障。根据学校就业岗位对技能的需要，现在用人单位在重视人才专业技术的同时，亦重视人才的学理素养、信息素养，未来的职业工作岗位要求中职学生具有丰富的理论知识、高超的技能与扎实的文化基础，因此，在中职课程教学中，学校不仅要重视技能训练，同时应关注学生的文化素养培养，为学生的可持续发展奠定基础。

（三）中职教育的宗旨是培养学生的核心素养

中职学生核心素养，是指中职学生应具备的适应全面发展和社会发展需要的必备品格和关键能力，是其获得全面培养、成功就业、持续发展不可或缺的基本素养。

培育中职学生核心素养是近年来中职教学改革的重大问题。既是贯彻党的要求，回答"培养什么人"的问题，又是深化教育教学改革，落实素质教育要求，全面提升中职教育质量，培养更多更好的职业技术人才，为全面推进社会主义现代化提供充足的人才。

二、明确中等职业教育问题的核心根源是专业人才培养的定位

（一）中职学校的课程教学，很难激发学生学习兴趣

1.教学方式过于知识化

目前中职学校的课程教学还是基于普教模式学科，教学方式过于知识化，一些学生对文化课程的重视度不高，认为基础课与自己所学专业关系不大，学习兴趣和积极性不高。

2.中职课程内容与专业课程内容脱节

中职课程教学内容过于重视学科知识的讲授与传递，缺乏知识应用的职业情景教学，课程内容很难体现专业特点，彰显职业教育特色，公共基础课与专业课程的融通与配合缺失。

（二）中职学校的课程教学很难有效提升学生实践能力与创新能力

公共基础课知识缺乏应用情景，不能引导学生思考，形成解决问题的方案。中职

生在公共基础课学习中缺乏应用场景，故而无法在理论学习中形成有效思维模式，自发地思考问题，他们不能将理论知识与实践操作合理迁移，最终形成有效的解决问题的方案。

知识缺乏实践运用的个人价值驱动，不能充分协调学生的非智力因素，激发学生潜能，获得创新的成果和创新的情感体验。部分中职生文化课基础薄弱，对学习不感兴趣，不能充分认识学习的意义与价值。教师也很难调动学生的内驱力，挖掘并激发学生潜能，学生更无法通过学习获得创新成果和创新的情感体验。

（三）中职学校的课程教学，很难体现五育并举融合育人的教育思想，提升学生综合素养

很难有效提升学生的人文素养。部分中职学生的人文素养偏低，人文知识贫乏，人文精神空虚。他们不只是文化课知识基础较差，学习习惯等综合素质较弱。一些学生存在"对人不感激、对事不满意、对物不爱惜、对己不自律"的现象。例如，在数学学科学习中，一些学生的学习态度不端正，厌学情绪尤其严重，存在"重专业、重技能、轻人文"的倾向，现有的教学模式和手段已经不能有效提升学生的人文素养。

很难有效提升学生的学习能力。通过近 3 年学校中职课程教学实践情况统计，仅约三成的学生公共基础知识能力合格，其余学生存在明显知识与能力缺陷，两极分化严重。学生运用所学知识解决生活、生产问题的能力较弱，利用数字化学习系统、资源、工具，开展自主探究、知识分享、职业训练的能力较弱。

很难有效提升学生的思维品质。在中职课程的教学过程中，需要动用学生思维的地方非常多。例如，在数控制图课程学习中，很多学生都"不知道数据是什么""怎么获得数据""如何处理数据""数据能告诉我们什么"等问题。教师关于学生知识、技能的培养比较多，关于学生突出思维能力的数据分析素养关注的较少。因此，传统的数学学科培养目标已不能有效提升学生的思维品质。

三、找准中职教育课程与教学中的问题症结所在

（一）不能激发学生学习兴趣

部分学生文化基础不扎实，学习能力不强、学习动机较弱，对文化课程的重视度不高，认为基础课与自己所学专业关系不大。在教学过程中，中职课程教学内容过于重视学科知识的讲授与传递，缺乏知识应用的职业情景教学，课程内容没有体现专业特点，彰显职业教育特色，公共基础课与专业课程的融通与配合缺失。

（二）不能有效提升学生实践能力与创新能力

中职的公共基础课知识缺乏应用情景，不能产生问题，无法帮助学生在理论学习中形成有效思维模式，自发地思考问题，学生不能将理论知识与实践操作合理迁移，

最终形成有效的解决问题的方案。知识缺乏实践运用的个人价值驱动，学生不能充分认识学习的意义与价值。无法通过学习获得创新成果和创新的情感体验。中职的专业课缺少公共基础课的支撑，学生无法内化出更高水平的问题解决能力和创新成果。

（三）不能体现五育并举融合育人的教育思想，提升学生综合素养

现代职业教育在改革中十分重视通识教育。这里说的通识教育包括人文科学、自然科学以及社会科学等三个方面。职业教育一方面为学生打下比以往更宽的通识教育基础；另一方面，在培养专业技能方面也放宽了口径，既要使学生掌握适应当今社会的专门职业技能，又要使学生具有终身学习能力，在出了校门以后，能够持续提高职业技能，能够灵活地自我调整，更能够独立思维。这样就能够以比较宽的路子应对一个开放的社会、一个比以往变化得快得多的人才市场。许多学生存在"对人不感激、对事不满意、对物不爱惜、对己不自律"的现象，学习态度不端正，厌学情绪较严重，存在"重专业、重技能、轻人文"的倾向，学生运用所学知识解决生活、生产问题的能力较弱，现有的教学模式和手段已经不能有效提升学生的人文素养、学习能力、思维品质。

第二章　中等职业教育的价值

第一节　立德树人背景下的中职教育

2010 年 7 月，《国家中长期教育改革和发展规划纲要（2010—2020 年）》指出，要"以人为本、德育为先、能力为重、全面发展"。2012 年 11 月，党的十八大报告中明确提出，"把立德树人作为教育的根本任务，培养德智体美全面发展的社会主义建设者和接班人"。2013 年 11 月，十八届三中全会强调，"全面贯彻党的教育方针，坚持立德树人，加强社会主义核心价值体系教育"。立德树人作为一项关乎党和国家前途和命运的战略安排，是习近平新时代中国特色社会主义思想的有机组成部分。它是对"培养什么样的人、如何培养人以及为谁培养人"这个教育根本问题的系统谋略，是对当代中国"立什么德、树什么人、如何立德树人"的系统回答，是对蕴含于中国传统文化、马克思主义经典作家以及中国共产党历代领导人教育思想的传承和升华，是对理想信念教育、人才培养和民族复兴的当代中国实践。

它围绕以文化人、以德育人和实践育人为理论基础，以教书育人、课程育人、劳动育人、环境育人为实践逻辑的有机统一体。新时代我们所立之德是"大德"、是"学德"、是"师德"，所树之人是建设者和接班人、是德智体美劳全面发展的人、是时代新人。"立德树人"是"内圣"和"外贤"、"育人"和"育才"、"道德发展"和"全面发展"的辩证统一，是为了培养德才兼备之人、堪当时代重任之人和全面发展之人。将其根本任务落到实处，是实现教育现代化的必然要求。

如何在中职教育中落实立德树人？

1. 铸魂，师德引领激发立德树人

教师队伍是铸魂育人、立德树人的重要媒介。既然如此，教师队伍建设的思想历经初步孕育、逐步发展，逐渐趋于成熟并形成完整体系；新时代教师有着新的角色定位，是培育和践行社会主义核心价值观的引领者、是承担国家教育服务职责的专业者、是落实立德树人根本任务的"大先生"；要坚定教师主体的政治立场，提高政治和道德素养，深入教师对"德"的认知，做道德的价值选择和实践。教师不断完善自身知识结构，提升理论基础，掌握实践技能和经验，将立德树人贯穿始终，发挥该教育模式的作用，以高尚品格感染学生，赢得学生，这样才能促进学生亲其师，信其道。

2. 创新，教育模式改革促进立德树人

课程育人包含两点，一是思政课程，二是课程思政。中职教师通过设置不同的思政课程开展思政教育，并在思政教育中挖掘德育相关的内容，加强立德树人教学效果。期间，教师要充分领悟和吸收习近平同志强调的"因事而化、因时而进、因时而新"理念，引导中职学生观察身边巨变，树立鸿鹄之志，在正确认识国内外形势的基础上与时俱进，创新思路。教师还要注意课程创新，要及时将党的思想和理念融入教育模式中，要将守正与创新有机融合，以开拓创新的姿态发挥立德树人教育模式效果，提升育人实效。[①] 融合课程，符合中职学生求新、求异的心理。教师要因势利导，开展立德树人教育工作，引导学生向积极健康领域发展。

3. 实践，教育模式构建落实立德树人

中职立德树人教育的最高境界就是达到知行合一、理实结合，教师在构建立德树人教育模式之时，必须要加强对社会实践、专业实践的关注，增强学生学以致用的能力，提升其技能。在社会实践方面，教师利用"校—家—社"三方共同搭建德育平台，并开展各种德育教育活动以传承与弘扬优秀传统与文化，以此来增加学生阅历，使其接触、感受社会，并增加其情感体验，增强其品德素养。[②]

第二节 五育并举视野下的中职教育

2014 年教育部颁行了《中等职业学校德育大纲》规定，中等职业学校德育工作要"努力培育有理想、有文化、有纪律，德、智、体、美、劳全面发展的有中国特色社会主义事业建设者和接班人"，确定了当前我国人才培养全面发展的内涵，即德育、智育、体育、美育、劳育"五育"并举，全面发展的要求。

职业教育作为一种教育类型，承担了为国育才的重任，"立德树人"是中职教育的根本任务，"培养德智体美劳全面发展的社会主义建设者和接班人"是中职教育的培养目标，具体来说，职业教育应"满足经济社会对高素质劳动者和技能型人才的需要"，培养高素质的技能型建设者。

一、"五育并举"的内涵

中职教育必须着眼于学生的全面发展，在人才培养过程中，各中职学校要结合本

---

① 许长清. "思政 +"背景下中职学校立德树人教育模式 [J]. 中学课程辅导，2021(13): 117–118.
② 同上。

校实际，制定具有各个学校特色的人才培养目标。比如"以服务为宗旨，以市场为导向，以质量和特色求声誉"的办学思想；"厚德笃行、博学强技、特色发展、服务社会"的办学理念；"中职为本、校企合作、中高职技能对接、培养德技兼备的高素质技能型人才"的办学定位；"工学结合，校企合作"的办学模式。"培养适应社会主义现代化建设需要，德、智、体、美、劳全面发展，掌握专业必备的基础理论，具有专业技能和岗位能力，适应生产一线的技术、管理等岗位要求的技术及管理人才"的培养目标，明确了毕业生应具备的素质、素养、知识和能力等人才培养要求。

二、中职教育"五育并举"中存在的问题

在《中等职业学校德育大纲》规定下，各中职学校积极推进五育并举，期间有很多经验，也存在一些困境，区域间、学校间有较大差距。一是"单"。指"单兵独进"或者单一进行劳动教育。五育指的是德育、智育、体育、美育、劳动教育。在过去的文件中强调的是前四者，2018 年全国教育大会提出德智体美劳全面发展后，劳动教育成为热点，很多中职学校大力推进单一的劳动教育。二是"散"。指"割裂前进"，五育分别推进，各有一套人马、一套课程、一套流程，各自为战，五育之间融通协作不够。结果既造成了学校资源的紧缺，又造成了学校资源的浪费。三是"浅"。指"表面推进"，就五育谈五育，只是停留在就事论事层面，没有上升以学生发展为目标的层面推进五育并举。五育作为教育手段，离开学生发展这个目标，手段就是盲目的。[①]

三、中职教育"五育并举"综合素质培养的探索

当前，在中职学校推进五育并举需要解决以上困境，可从"德育为首，五育并举"的总体规划下，根据中职生成长规律，对中职生进行五育并举教育，从教育目标、教育内容、教育方法等方面融会贯通，系统推进。

第一，在教育目标方面，强调"全面发展"的同时，突出核心素养的培养。"德育为首，五育并举"是中职学校"培养德智体美劳全面发展的社会主义建设者和接班人"的必然要求。按照这个根本任务和最终目标，中职教育培养的人必须是"合格的建设者和可靠的接班人"[②]。因此，在人才培养的过程中，德育必须摆在首位。青少年是人生观、世界观、价值观形成的关键时期，学校要根据中职生的成长规律，对中职生进行思政教育，使他们具备深厚的爱国主义情怀、鲜明的社会主义核心价值观、崇高的道德和对党、国家及社会主义强烈的认同感，进而引导他们树立民族自尊心和自豪感，坚定爱国、报国的理念。

第二，在教育内容方面，开展各种主题活动实现"五育联动"。学校通过各种主

① 孟万金. 中小学五育并举课程实施的学生向度考察及改进 [J]. 当代教育科学，2022(03): 18-24.

② 杨筱玲. 中职学校"以德为首，五育并举"的人才培养要求思考 [J]. 广西教育，2019(10): 68-69.

题活动来提升"五育并举"教育的时效性和针对性。采用课程融合的模式，让社会主义核心价值体系进教材、进课堂、进头脑。深化以德育活动为载体，将德育、智育、体育、美育、劳育融入课堂。特别是在中职学校的专业实训教学过程中，结合课程标准与各专业人才培养方案开展五育联动，如培养爱岗敬业意识的德育、培养专业技术人才的智育、培养意志和协作的体育、培养发现和创造能力的美育、培养习惯和技能的劳育，达到在横向上五育融通协作，而不是相互割裂的开展。

第三，在教学方法方面，关注常态课堂，转变教育方法。课堂中应坚持"以学生发展为中心"的教学理念，在思维方式与空间组织上，将理论与实践、课堂与课外、线上与线下等方式结合起来。在教学方法上，结合中职生的自身特点，采用参与式、讨论式、启发式等多种教学手段，因材施教，以学生为主体，提升学生的整体学习能力和素养。同时，构建学校、家庭、社会共同育人的格局，建立健全"全员、全过程、全方位"的"三全"育人机制，构建服务于中职生全面发展的学校、家庭、社会一体化协助组织，增强中职生的基本素养和素质。

第三节　学科育人视野下的中职教育

在新时代党的"立德树人"根本任务指引下，教育部于 2020 年相继制定了中等职业学校各基础学科的课程标准（以下简称"新课标"），新课标是我国职业教育标准体系建设的成果化展示，是国家职业教育改革实施方案等系列文件在中职教育教学上的"落地生根"。2020 版的新课标不仅强调了课程教学要遵循教育规律，突出职教特色，还要充分发挥学科的育人功能和价值，在课堂教学中具体体现为培养学生的学科核心素养。本节将围绕中职学校学科育人的内涵、学科育人的价值及学科育人的模式构建进行简要探讨。

一、学科育人内涵解读

"育人"是教育的根本使命，是教师的职责所在，同时也是学科教学的价值体现。在全面深化课程改革的当下，学科育人已然成为学科教学改革的主要方向。在"学科育人"思想的指引下，学科教学理念和模式也必将进行根本性变革。

传统的学科教学目标是实现学生知识技能和学业成绩的提升，却在很大程度上忽视了教育的核心主旨——"育人"，所以，学科教学的总目标是"育人"。因此，学科育人才是学科教学的本质，是从学科的性质、地位、任务出发，发挥学科育人的特殊功能[①]。

著名教育家叶澜教授认为，学科在课堂教学中是"育人"的资源和手段，服务于"育人"这一根本目的。根据对"学科育人"根本立意的解读，其内涵可理解为以学科学习为载体和途径，以学科思想、精神滋养学生的心灵，在课堂教学中指向以培养学科核心素养的教育活动和过程。它主要包括学科育知、学科育能、学科育情、学科育德、学科育美五个维度方面的内容，即"学科五育"。

新课标将"学科五育"的宗旨具体表达为学科的核心素养，同时也将学科育人价值凝练成为学科所培育的学生核心素养，而每一门学科则围绕着核心素养选择，组织课程内容，并最终达到学生综合素质全面提升的目的。2020版中职学校各基础学科课程标准凝练与精准阐释了学科所培育的核心素养，呈现出了学科的特质和独特的育人价值。各学科核心素养一般为4至6个，是学科核心知识、核心能力以及学习态度的综合体现，内化为学生必备的品格、关键能力及正确的人生观、世界观和价值观。当所有的学科都着力于培育学生的学科核心素养，那么学科育人的总目的就会得到落实，育人价值就会得到充分体现。

二、学科育人在中职教育中的价值

中等职业技术学校（以下简称"中职学校"）作为教育体系中的一种教育类型，承担了为社会培养合格技能型人才及为高校输送对口专业高质量生源的教育任务。为更好地实现中职学校的办学宗旨和理念，顺应社会发展需求，落实以质量求发展、以人才培养为中心的思想，五育并举的学科育人观应运而生，为现代化职业教育教学指明了方向。

1. 学科育人有助于促进中职学生文化素养与专业技能的同步提升

在中职学校，文化基础课程的学习一直未得到普遍重视，社会及中职家长、学生也对职业教育有一定的认知偏差，认为在中职学校学好专业技能就能对口就业。事实上，新时代的中职教育不能仅仅局限于关注学生专业课程的学习和实训，而必须注重对学生文化素质、态度、情感和价值观的培养，进而实现"文化基础宽厚，技能素质全面"的中职教育目标。"学科育人"以课堂为平台，借课程改革的东风，在学科教学中践行文化素养和技能素养并重的育人理念，更加重视以文化价值引领专业知识、技能的学习，彰显中职教育的独特魅力。

2. 学科育人有助于推动中职学生有效进行职业规划

职业生涯规划是中职学生成长的组成要素，是学生认知自我、了解社会、熟悉职业并最终确立职业目标的重要手段。在日常中职教学中，除了开设职业生涯规划教育

---

① 凌乾川，张泽科. 新时代学科育人内涵的校本表达 [J]. 教育科学论坛，2021(10): 71-73.

课程，对学生进行职业生涯心理辅导以外，教师也能通过引导学生发展学科观念和思维，推动他们对职业生涯的有效规划。例如，培养学生的语文和英语核心素养能够有效提升学生的的自我认知能力和语言综合实践能力。学科育人的落脚点是为学生创设真实而有意义的学习情境，并在学习过程中发现问题、解决问题，注重学生在体验和实践中学习。这些学科学习活动不仅在潜移默化中开拓了学生的思维，丰富了他们的情感体验，也促进了学生创造力、思想品质的发展。在此过程中习得的学科核心观念聚合在一起，帮助学生建构核心价值观，成为引领学生做好职业规划的关键要素。

3. 学科育人有助于推进中职课堂变革，成就教师持续发展

教学是一个教师、学生和教材承载的知识之间相互作用、对话的过程，也是学科实践的过程。学科实践的终极目的不是为了把知识教给学生，而是为了促进学生核心素养的发展，这也是学科育人的价值核心。基于培养学生核心素养的立足点，中职课堂教学的内容、目标、方式等也必须进行革新。如果课堂还只是停留在知识教学的层面，那么就背离了发展学生综合能力的育人方向。另一方面，在学科育人思想的指引下，教师通过不断扩充学科专业知识的储备，提升教学水平，持续推进学生的学业发展，最终达到教学相长的良好效果。

三、学科育人模式的建构

1. 发掘学生的学习潜能，重组课程结构

中职学校对各类学科课程要统筹引领，着重强调学科教学要贯彻好专业人才培养目标。学科教学内容要融入职业（工作）项目的要求，这就要求教师要整合学科知识，设置真实的工作、生活情景，并将其拓展为具体的教学活动任务，让学生在活动中建构知识，赋予所学知识新的理解和意义。同时，为学生创设更加开放和包容的学习环境，鼓励学生发现问题、解决问题，充分调动学生学习的积极性和能动性。

2. 注重学生学习能力的差异性，建立分层教学目标和评价标准

中职学生学习基础、能力参差不齐，在脑力及非脑力方面都有相应的区别，因此，不能以统一的学习目标来评价学生的学习效果。而学科育人视角下的课堂教学是指向作为一个完整的人的成长的意义生成过程，过程的完整性也体现在学习目标和学习评价的多维度。针对不同的教育对象，制定满足其学习发展需求的教学目标和评价机制，由单一关注学生知识掌握情况向注重学生的知情意行协同发展而转变，这才是基于"学科育人"意义上的中职教育理念。

第三章　课程融合视野下中职基础学科教学

第一节　课程融合的内涵辨析

课程融合是一种多学科的课程组织模式，它强调学科之间通过某个或某些知识点而相互关联、统一，并存在某些内在联系。课程之间，需要通过学科间的相通点进行融合，以促进学生认识的整体性发展。

课程融合中的学科，既是独立的，又是相互关联的。在课程融合的过程中，要改变传统的课堂教学结构，即"以教师为中心"转向"主导—主体相结合"，教师从传统的以教师为核心的教学模式，转变为以学生为中心的模式，加强学生的学习自主性，深化学生的学习活动。融合后的课程应既可满足学生需求又可满足教学的需要。因此，课程融合中，要着重转变教育理念，让学生在全新的教学模式中达到最佳的学习效果。

多年来，我国各级各类学校均在尝试教学模式改革，但是实际操作中有的学校却忽视了课堂教学结构的变革，片面地追求知识的传承和教学理论，其后果就是在很大程度上抑制了创新人才的成长。因此，要改变传统的课堂教学结构还有赖于学科间的有效融合以及由信息化教学环境和现代教学环境形成的新型教学方式。

第二节　课程融合的基本特征

什么样的课程融合才是有效的呢？笔者认为有效的课程融合应具备以下基本特征：

一、实现"双主"兼备的教学结构

学科课程有效融合的本质是使教育结构发生改变，即改变传统的以教师"讲"为中心的课堂教学结构为既能充分发挥教师主导作用，又能充分体现学生主体地位的"双主"兼备的课堂教学结构，此类教学结构能突显以学生为中心的教学理念，实现人机交互或是师生、生生多边互动，实现资源共享，为学生选择自主发现、自主探究、合作学习等多样化学习方式提供便利，也为培养学生创造性思维等提供了平台，切实调动学生的主动性、积极性，提高了课堂实效，促进了学生全面发展。[①]

二、学生情感体验更为积极

学科课程有效融合的课堂，应该是趣味性、知识性、实践性相结合的课堂，学生在趣味中学知识，在实践中练就技能。学生只有在愉快中学习，才能爱上学习，转变视学习为负担的思想。那么，如何体现出学生在课堂上是乐学的呢？具体体现为，学生主体的主观能动性明显提升，学生的学习热情保持得更为持久。学生由于获得了成功的踏实感，满足了成就自己的需要，故而都能积极主动、全身心地参与教学活动，积极思考、发表个人见解，能按要求正确操作，能倾听分享。

三、学生知识领域更为宽广

在有效的学科课程融合的课堂上，学生通过自主学习、协作学习，乐于共享信息，能获取多方面的知识。当今是信息爆炸的时代，网络环境能实现优秀教学资源的共享，从古今中外人类的智慧和知识，到现代各领域的知识和技能，网络都为教师和学生提供。教师可通过网络获取教学视频、文字等丰富的资源，同时学生也可通过各类网络平台获取学习资源，拓宽知识广度。师生均可通过融合教育的准备和教学实施过程获得更为广泛的知识。

总之，学生在课堂上认知范围是否有效扩大是学科课程有效融合的指标之一，若学生认知范围有效扩大了，这样的课堂应该是有效的。

四、学生认知体验更有深度

学科课程有效融合的课堂上，学生有深层次的认知体验。因在有效融合下，学生拥有庞大的信息量，但这些信息是零散、无序的，认知也只是浅层的、感性的，需要学生对信息认真优选整理，进行深层次的理性加工，通过抽象思维，找寻内在的联系，总结出规律，达到内化，建构形成自己的知识。在这个过程当中，经过搜集信息、感性认知、理性思考、抽象思维等环节，在教师适时指导下，学生可开展有目的、有意识、有计划的合作与探究，对出现的不同看法、甚至相互矛盾的观点，与同学、教师合作交流、讨论，去伪存真，有效解决。让学生体验知识产生、形成的艰辛，以及交流协作中思想的碰撞和人际交往。同时训练学生对信息的组织、处理及准确表达的能力，让学生在学习过程中有深层次的认知体验。

五、学生创新思维的培养更为有效

在有效的学科课程融合的课堂中，为提高学生思维能力和思维品质提供了支持。主要表现在：

① 姜震宇. 信息技术与学科课程有效融合的基本特征 [J]. 考试周刊，2019(60): 148.

（1）课前精心设计的教学项目活动，可激发学生的求知欲和想象力，依据课堂教学内容，在学生自主探究、交流合作学习中，引导学生对有用、关键信息进行重组，融合提升，充分感受理解知识的产生和形成过程，激发学生创造性思维品质。

（2）教师创设联系实际的探究性学习问题，着重于引导学生从多角度、多方位思考与分析问题，既能加强学生对所学知识的深层理解和应用能力，又对思维进行了充分的开发。

（3）学生按层次分组，开展协作式学习，鼓励质疑问难，发挥学生的聪明才智，发挥学生各自特长和优势，培养学生的发散思维、辩证思维。

（4）课堂教学中利用多种问题情境的创设与变换，使学生在知识获取与应用中进行多种形式的思维训练，进而实现学生创新思维的培养。

六、学生所学学以致用

没有扎实的学科知识和技能，仅靠传统的评价标准来衡量一个学生的能力，对于一个学生的未来发展是不够全面，不足以体现一个学生的综合能力的。学生能够解决实际的工作和生活中可能存在的问题，才是对学生客观而有效地评价，才是利于学生终身发展的。因此，在课程融合中，应做到：

（1）围绕学科知识扩充知识和资源。

（2）教师要选择从学科知识与生活实际联系紧密的事件设问和创设情境，帮助学生实现知识迁移。

（3）研究性学习中，研究课题的选择要与学科相结合。要通过开发与学科课程紧密相关的课题，让学生在独立研究的过程中，主动获取知识、应用知识解决问题，从而发展创新能力。

第三节　课程融合的创新

一、创新教育教学模式，畅通学科跨界融合渠道

教学模式是指依据一定的教学思想和教学理论而形成的，相对稳定的、系统化和理论化的教学活动的范型。教学模式是教学理论联系实际的具体化，又是教学经验的一种系统概括；它既可以直接从丰富的教学实践经验中通过理论概括而形成，也可以在一定的理论指导下提出一种假设，经过多次实验后形成。本研究教学模式的创新主要从教学指导思想、教学目标、操作程序、教学策略、评价寄几方面着手。

（1）混合式教学模式。混合式教学模式提倡教师主导、学生主体，强调学生学习的主动性与积极性，并通过小组合作等多种教学形式的混合，采取多种手段培养学生创新、合作等多方面的能力。同时，信息技术的发展也支撑和助推着教育的变革。混合式教学模式充分发挥信息技术的优势，将线下教学与在线的网络教学结合起来，实现教学效果的最大化，这也是时代发展与高等教育改革的趋势所在。研究表明，混合式教学模式已广泛应用于职业教育和培训领域。在课程整合视野下中职基础学科教学运用混合式教学模式，可以有效将专业技能知识和行业专家引入基础学科教学课堂，对激发学生的情感体验、促进有效提问和主动学习，以及对学生知识的建构等方面有着非常重要的作用。

（2）"导、学、问、练、评"五环节课堂教学模式，确保教师为主导、学生为主体、发展为中心，能够促进学生主动学习、自主发现、合作探究、积极展示、有个性发展，以提出问题、研究问题、解决问题、延伸问题为线索，以教师的主导，学生的自主学习、自主研究、自主解决问题、自主延伸发展为教学流程，课堂上学生潜心自学、专注投入、生生互动、师生互动、平等交流、教学相长，互动双赢。

本研究以公共基础学科素养为核心，以课程、学生、教师、评价等"教学要素"为实现培育目标的重要载体，尝试对课堂教学模式进行创新，通过课程跨学科开发、学生跨学科培育、教师跨学科培养和教学跨学科评价等环节的研究与实践，构建"基础学科＋职业情景"跨界融合课堂，在同一课堂实现深度合作，打破学科界限，从单科独斗走向学科融合，探索中职学生跨学科培育模式。

二、创新学习流程，畅行职业成长路径

本着"兴趣是最好的老师"这一理念，学习鼓励学生积极创建各类工作室。本研究从学生未来职业典型的工作岗位出发，让学生自行组建工作室团队，明确职责分工，培养学生理论联系实际的能力、科研创新实践能力和独立工作能力。工作室按照公司企业化运营模式，健全运行机制，内部分层管理。通过这样的模式，能够加强学生团队合作精神和交流表达能力；充分利用学科综合、教学资源和人才的优势，因材施教，提高教学质量和办学效益；以"研"促进"学"与"产"的紧密型结合，鼓励早出研究成果。

以学校烹饪专业为例，工作室对学生培养要始终紧扣"人才培养"为中心，将专业所学、兴趣导向与学生团队工作紧密结合，成立"味纷享""川味坊""尚滋味""云水川"四个工作室。工作室建设主要依托小红书、抖音等网络平台，进行川菜推广。在教师的引导下，通过头脑风暴进行项目主题的设计，制订项目计划、分析项目制作流程，让学生经历一次完整的角色体验、职场体验，在体验中明确大致的职业发展方

向，了解必备的专业素养，不断调整自我发展方向，提升就业能力。

三、创新育人理念，畅达职业教育改革目标

作为教师，除了按照课标要求将课本上的知识传授给学生，还要教会学生怎么学。课本中的文化知识是学生必须掌握的，课本以外的知识，比如教会学生如何做人做事，也是课堂教学中不可缺少的一部分。

最新课程标准细化了各科课程育人目标。针对现行教学大纲课程目标比较笼统、育人要求不够具体等情况，课程标准研制组把党的教育方针具体化、细化为学生发展核心素养，充分借鉴普通高中课程标准修订经验，结合学科特点凝练出体现课程特色育人目标的学科核心素养，明确了学生学习该学科课程后应形成的正确价值观念、必备品格和关键能力。学科核心素养是学科育人价值的集中体现，是学生通过学科学习与运用而逐步形成的正确价值观念、必备品格和关键能力。

中职课程标准在研制过程中，特别注重体现职业教育特色。一是注重教学内容与社会生活、职业生活的联系，利用或设置职场情境，突出实践取向。二是注重有机融入职业道德、劳动精神、劳模精神和工匠精神教育，培育学生职业精神。三是注重与专业课程相互配合，形成协同育人合力。

因此本研究在五育融合、五育并举的理念下，把基础学科和职业情景结合起来，从学生学习兴趣与动机出发，遵循中职学生的学习心理，尊重学生的学习基础，注重实践与创新能力，力求帮助学生更好地适应职业岗位发展需求。

第四章　课程整合视野下中职基础学科教学策略

第一节　重构课程内容

在课程融合视野下，教学内容发生了巨大变化，提高课程质量需要对教学内容进行精心优选或设计，以及必要的重组、重构。

一、课程融合的特点决定了教学内容必须重构

课程融合下的教科书本质上是根据教学内容、为满足教学需要而选定的，它只是教学内容的参考资料，而不是实际教学内容的全部。且不论大纲本身和教科书的内容而言，就课程融合教学本身来说，随着教学目标的变化、教师对课程融合理解的深化和融合过程体会的增加等，教学内容也要发生相应的变化，所以重构是必然的、也是必须的。

如在"计算机网络"课程教学中，在给烹饪专业的学生讲授此课程时，根据学生将来的就业岗位——厨师、面点师、西点师，应添加计算机网络在这三个岗位工作中的具体应用；在给食品加工专业学生授课时，把生产车间的网络布局、化学实验室的网络布局等作为教学案例纳入教学内容，这就是重构。

二、教学内容的重构应紧扣课程目标

课程目标是我们进行教学内容精选、重构的基础和依据。教学内容的范围、深度与广度如何取舍，选定的内容如何进行合理的模块切分，每个模块作何具体教学要求，不同模块之间如何关联，各模块内容如何呈现等，这些都是重构的范畴，都要紧扣课程目标的达成进行设计，而且要和所采用的教学方法和手段进行绑定设计。

三、教学内容的重构是弥补教材编写不足的需要

教材是学生学习的重要依据。尤其是专业基础课和专业课的教材，关注学科知识体系的较多，而关注学生学习规律的较少。内容的正确性和科学性、知识的完整性和系统性，是教材编写者的主要关注点，也是评价教材质量的主要指标。而很少有教材编写者思考教科书的内容是否能引导学生更好地学习？是否能强调理解过程？是否鼓

励创造与批判思考？是否提供充足的练习？是否包含清楚明确的教学策略？是否符合学生的认知规律？等等。这都足以说明，仅仅依赖教科书，教学上难以有的放矢，所以需要对教学内容重构。

但我们发现，那些学习积极性呈现状态不高的课堂，其任课教师都有一个共同的特点：照本宣科，于是课堂教学出"现解读教材""背诵教材""念读教材"等完全依赖教材的情况，这是课堂教学丧失魅力的主要原因之一。教材只是课程学习的主要辅助材料，但绝不是全部。只要是能够满足课程目标并能促进学生思考与学习的，都可以作为教学内容。对教学内容进行重构，以形成源于教材、高于教材的课堂实际讲授内容，是提升课堂教学魅力的主要和有效渠道。

第二节　变革基础学科教学方式

在课程融合背景下，我们的课堂教学中应更多地采用反映时代和教育发展特点、并与新课程改革相适应的新的教学方式。

一、反思性教学

反思性教学，强调教师对自身教学的过程和结果进行反思，并以此作为促进教师专业化发展和提高学校教学质量的一条重要途径。教学反思既是一种新的教学思想和理念，又是一种新的教学实践形态。作为一种新的教学理念，它要求教师在教学过程中树立反思的观念，并用反思的思想来指导和改进自身的教学实践；作为一种新的教学实践形态，它主要要求教师在教学过程中更多地运用和体现反思的行为。教学反思是指教师对自己的教学过程和结果进行回顾、总结和重新审视的过程。这是教学反思的重要外在形式和特点。教学反思要求教师要以研究和探索的态度来对待自己早已熟悉和习惯化了的教学工作，这是教学反思的本质和核心。通过教学反思，促进教师专业化的发展和提高学校教学的质量和效率，这是教学反思的最终目的。教学反思是一种思维活动，它应该贯穿于教师教学工作的各个环节和方面。基于此，我们认为，所谓反思性教学就是指教师在教学过程中以科学的教学理论和观念为指导，以对自身教学的过程和结果进行回顾和探究为基本形式，以发现、分析和解决自身教学过程中存在的问题为基本过程，以促进教师专业化发展和提高学校教学质量为最终目的的一种教学实践和研究活动。

二、创生性教学

创生性教学也是一种新的教学理念，它指的是教师在教学过程中要树立开放、民主、创造、拓展、延伸和弹性等观念；创生性教学又是一种新的教学实践形态，这种教学方式特别强调教师和学生在教学过程中的随机性、创造性、生成性、非预设性以及附加教学价值的获得等。从教学理论和实践来看，创生性教学产生的客观基础在于教学内部结构的复杂性、外部制约因素的多样性以及不确定性等。创生性教学也对教师素质提出了新的要求：要求教师转变传统的教学思想观念，尤其是要改变过去教学计划、教学大纲和教科书等教学文件对教师教学的过多束缚，真正变"教教材"为"用教材教"；教师要树立教学民主的观念，营造一种宽松和谐的课堂教学氛围，建立协商对话的师生关系；教师在教学中还要以激发学生的思维为核心，鼓励学生多角度、多侧面地思考问题和探究结论；对教师的教学机智和智慧提出了更高的要求。

三、探究性教学

探究性教学就是指在教师的组织和指导下，学生以独立自主学习和合作讨论为主要学习形式，以现行教材为基本探究内容，以周围世界和生活实际为参照对象，拥有自由表达、质疑、探究、讨论问题的机会，通过个人、小组和集体等多种解难释疑的理论学习和实践活动，获得运用知识、解决问题的一种教学形式。探究性教学的特点主要有以下几个方面。强调教师在教学过程中的组织与指导作用，确立学生在学习和发展中的主体地位，充分发挥学生的主动性、积极性。强调以问题为中心，以对问题的探究为主要形式和过程来具体地展开教与学。强调学生创新精神和实践能力的培养等。

四、赞赏性教学

新课程改革十分强调教师要树立新的学生观，建立和形成一种新型的师生关系。而这种师生关系的一个关键就是教师在教学和生活过程中对学生的尊重与赞赏。所谓尊重，就是指教师必须尊重每一位学生做人的尊严和价值，不要伤害学生的自尊心和自信心。所谓赞赏，就是指教师要以欣赏的眼光来看待学生，"要赞赏每一位学生的独特性、兴趣、爱好和专长；赞赏每一位学生所取得的哪怕是极其微小的成绩；赞赏每一位学生所付出的努力和所表现出来的善意；赞赏每一位学生对教科书的质疑和对自己的超越"[1]。赞赏学生、尊重学生，以学生的全面发展为本，这是新课程改革的一个核心理念，也是每一位教师应具有的教育思想和行为方式。

---

[1] 刘启珍，彭恋婷. 学与教的心理学：原理与应用 [M]. 武汉：华中科技大学出版社，2021.

五、合作性教学

合作性教学是指教师之间及教师与学生之间通过相互合作而具体展开教与学的一种方式。合作性教学中的合作只是一种形式，通过师师和师生之间的教学合作，目的是培养学生的集体意识、合作精神和能力等，并以此促进学生个体的社会化和社会主义和谐社会的构建等。合作教学主要有以下特点。合作教学不是教师个人的、自发的合作关系，而是一种有组织的教学方式。合作教学既强调教师的一定组织化形式，又强调学生的一定组织化形式。合作教学的主体是由两名和两名以上的教师组成。合作教学的实施主要有三种具体形式：主题单元综合课程的教学，课题研究的指导，学习小组的指导等。一般来讲，在合作教学中，教师小组的组成形式主要有以下五种：班级教师小组、年级教师小组、学科教师小组、全校教师小组和校内外教师小组。

六、个性化的备课方式

教师备课的个性化是指能够反映教师教学风格和个性心理特征，体现创造性备课成果的一种备课方式。个性化的备课方式主要有以下实施要点。教师的备课因教师个体的具体情况而异。教师要以自身的教学个性、教学风格、教学优势、教学经验、学习方式以及个性心理特征等为依据进行备课，不同的教师在备课的内容和方式要体现出个体差异，从而做到扬长避短。教师的备课因教材本身的具体内容而异。由于在知识经验、认知结构和教学能力水平等诸多方面存在着差异，不同教师对同一教学内容的理解和把握是有区别的。这种区别一方面要求教师要不断提高自身的素质，以求得对教材内容的深入理解和全面把握；另一方面，它也为教师备课教材内容中的创造性的发挥提供了很大的空间。个性化的备课方式就是要求教师在对教材内容进行加工和改造时，要充分发挥创造性、体现出个性化风格。教师的备课因学生的具体情况而异。学生是教师教育和影响的对象，研究和了解学生也是教师备课的一个重点和关键。学生集体的差异性和学生个体的主观性、能动性和个体性也在客观上要求教师要采用个性化的备课方式。

第三节　教学评价体系

教学评价是以教学目标为依据，按照科学的标准，运用一切有效的技术手段，对教学过程及结果进行测量，并给予价值判断的过程，对教学工作质量进行测量、分析和评定。它包括对学生学业成绩的评价，对教师教学质量的评价和对课程的评价。

在新课程标准实施的背景下，中职公共基础课程与专业课程进行融合十分必要，公共基础课程除教学内容、教学模式等发生相应变革外，教学评价体系也亟须革新。通过网络教学平台，实现全过程数据采集和即时评价，主要由课前、课中、课后三个部分的评价构成，分别从评价载体、评价标准、评价内容、评价主体四个维度进行。

一、课前诊断性评价

教师根据各专业的岗位标准，基于公共基础课学科核心素养要求，设计课前导学内容，考评学生完成课前理论学习情况。此项评价活动能使教师对学生的学习准备程度做出鉴定，从而采取相应措施使教学计划顺利、有效实施。

学生通过网络教学资源库自主学习、实践并填写好学案，教师登陆平台监测学习效果，通过教师评价、学生互评和行业评价三个维度来完成。

本阶段的评价内容主要为课前的理论学习、资料收集和课前作业完成情况，评价载体为网络学习平台、课前习题等，评价标准为完成度、正确率和创新性，评价主体为师评、互评和行评。

二、课中形成性评价

本阶段的评价是在教学过程中，为调节和完善教学活动，保证教学目标得以实现而进行的确定学生学习成果的评价，主要目的是改进、完善教学过程。

学生融入职业岗位中的角色扮演，参与到团队或小组学习中，通过网络平台、微视频，完成课中知识和技能的内化。教师和学生可依据课堂学习参与度、操作或任务完成情况以及在小组学习中的沟通合作情况进行考评，考评分为学生自评、互评和教师评价。

本阶段的评价内容主要为课中的考勤、课堂积极性、展示成绩和练习成绩，评价载体为网络学习平台、小组作业、脚本方案，音视频等，评价标准为准时度、到位度、完成度、正确率和创新性等，评价主体为自评、师评和互评。

三、课后总结性评价

本阶段的评价以预先设定的教学目标为基准，对学生达成目标的程度即教学效果做出评价。考评完善作品达成率和其他拓展活动完成度。学生通过网络教学平台数字资源的学习，完成课后拓展任务。教师和专业教师根据学生课后作业的完成度、正确性、创新度等情况进行综合评价。

该评价内容主要为课后作业成绩和课后作业拓展，评价载体为网络学习平台、小组作业、脚本方案、音视频等，评价标准为完成度、正确率、创新性、协作性等，评价主体为师评和行评。

第四节　教学反思机制

教学反思是教师对自身的专业素养、教学行为与教育对象的审视回顾与再认识，既是我们教师专业成长与自身发展的核心，是教师教育智慧的精彩绽放。在新课程标准实施背景下，通过文化课与专业课融合教学途径积极开展教学教改，不断提升教师专业素质，促进教师的专业发展。

一、从管理上要求教师进行教学反思，将反思内化为教师的自觉行为

在教学常规管理方面除了要求教师做到教学"六认真"[①]外，还要求教师必须进行教学反思，让教师会用反思的眼光来看待自己及自身的教学。

二、教给教师教学反思的方法，注重反思的有效性

（一）帮助教师认识反思的必要性

部分教师对教学反思的认识存在一定误区，认为反思没必要，认为教师的工作就是写写教案，上上课，改改作业。只要把教案写周全了，把课讲到位了，把作业改细致了，就算把任务完成了。至于教学过程、教学效果的反思，是学校领导评价的事，是教研人员研究的事，教师没必要进行反思。

（二）帮助教师明确反思的内容

教师认为教书就是教"书"，运用自己多年习以为常的"套路"，来应付那薄薄的课本知识，不但轻松，而且无风险，哪来反思？

反思内容主要有：

1. 反思自己新的教育理念是否到位，知识能力业务水平是否适应公共基础课程与专业课程融合需要；

2. 反思自己的教学行为对公共基础课程与专业课程融合教学模式是否得当；

3. 反思学生学科核心素养和专业素养是否得到提升。

（三）帮助教师认同反思的意义

教师反思是帮助老师寻找自己教学上的优势，以利于今后教学中扬长避短、提高自己的教学水平和教学能力，打造自己的独特的教学风格，帮助老师寻找不足和缺陷，

---

① 教学"六认真"是指：认真备课、认真上课、认真布置和批改作业、认真辅导、认真组织考核、认真进行思想政治教育工作。

以利于调整教学策略，有针对性地改进。

三、建立教学反思的激励机制

作为学校而言，应建立教学反思的评价和激励机制，以财力、物力、评优和晋级等方面来奖励自觉进行教学反思并形成教研成果的教师，鼓励教师积极有效地进行课程融合反思和创新，以便有力地促进教师的专业发展和课程建设。

四、营造反思文化，促进教学反思日常化

学校要创建教师教学反思的管理制度，创造一种有感染力的管理环境，要努力营造一种开放的、和谐的、合作的教师反思文化，使之成为教师的职业习惯和专业生活的一部分，促进反思成为教师自觉行为。

五、强化职业道德，促进教学反思

学校加强教师职业道德意识的培养，进一步唤起、激活和弘扬教师对人生境界更高层次的追求，强化教师的使命感和责任感，用自己崇高的品德和健全的人格，塑造学生美好的心灵。促进教师自觉高效地进行教学反思。

第五章 "中职数学 + 专业"课程整合与教学

第一节 基本策略

如图 5-1 所示，针对数学与建筑工程施工专业的融合，我们将《数学（拓展模块）》（第三版）内容和建筑测量课程内容进行融合探究。首先，从教学内容上，数学三角函数教学内容部分包含正余弦定理的应用，而建筑测量课程中也包含用三角函数解决测量的问题。其次，数学就是用知识点解决现实案例，而案例就包括建筑中的很多具体问题。学生利用教材的例题背景，采用建筑专业中测量模拟形式展开设计，利用自己测量中理解常见问题语的经历作为背景设计问题，把应用正余弦定理解决有关建筑距离、高度、角度等问题融合起来，在经历情景的过程中解决建筑数学问题，从而达成数学和建筑施工专业的融合。

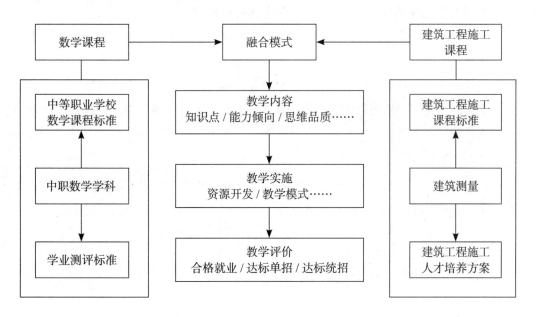

图 5-1 数学 + 建筑测量融合模式图例

第二节　实践案例

一、"建筑制图与识图"与"数学"课程融合的案例

（一）课程融合的概念及目标

学科融合是在承认学科差异的基础上不断打破学科界线，促进学科间相互渗透、交流的活动。学科融合既是学科发展的趋势，也是产生创造性成果的重要途径。"建筑制图与识图"与"数学"课程融合的教学模式将中职教育核心素养要求内化，更加符合人才培养的目标，综合提升教学质量，为学生日后学习、工作及发展奠定基础。

（二）学情分析

教授的学生群体为中职建筑工程施工专业的学生。首先，中职学生普遍存在基础弱、学习缺乏兴趣，学习的积极性和主动性不强等问题。其次，中职建筑工程施工专业对学生逻辑思维要求比较高。将建筑课程与数学课程融合，能够提升学生的学习兴趣，帮助学生完成基础计算和推导，促进学生对学科的理解，锻炼学生的思维能力。

（三）"建筑制图与识图"与"数学"课程联系

"建筑制图与识图"是中职建筑工程施工专业学生专业课的核心课程。本课程分为两个模块：模块一制图的基本知识；模块二建筑工程图，其中模块一中几何作图、投影的基本知识、基本体的投影数学中平面几何和立体几何有着密切的联系。

下面以"建筑制图与识图"课程中基本体的分类与"数学"课程中的简单几何体为例进行分析。

（四）课堂设计

1.由建筑专业课教师引导学生发现生活中建筑物可以简化为什么物体，例如图5-2所示建筑物由房屋简化而来，可以看作三棱锥、三棱柱、四棱柱组合而成。

2. 由建筑专业课教师总结基本体的分类

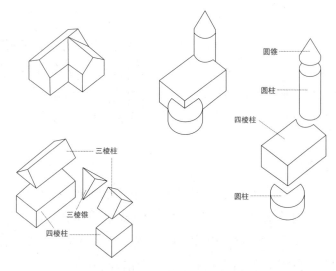

图 5-2 生活中的建筑物简化图

3. 由数学教师讲解数学中几何体的分类

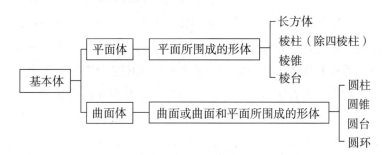

图 5-3 建筑制图与识图中的基本体分类

4. 总结本堂课的知识点及建筑制图与识图和数学之间的联系

（五）课堂效果

在课程融合开展前，学生在学习建筑制图与识图和数学时，将两门课程作为独立学科学习，学习难度较大；课程过程中，学生不仅能发现身边建筑由哪些几何体组成，还能够听完专业课的介绍，很快记住数学中几何体的分类方式；从课后的学生访谈来看，不少同学表示这种两个学科结合起来授课的方式能让他们更好地记忆知识点，还提升了学习兴趣。这也说明达到了跨学科融合课堂的课堂效果。

（六）结语

本课程能够作为桥梁将"建筑制图与识图"与"数学"融合到一堂课程中，不仅能提升学生的学习效率，同时还达成了两门学科的培养目标，从而实现了"跨科融合"。因此，本课程的开展有助于学生体会到跨科融合对于学习知识提升素养的有效性。

二、"数学"与"建筑制图与识图"课程融合的案例

（一）课程融合的意义

《中等职业学校公共基础课程方案》强调，中职公共基础课程要彰显职业教育特色，注重与专业课程的融通与配合，形成协同育人合力。数学作为中职公共基础课程，与专业课程相互分离，不能形成协同育人合力的现状。而中职数学与建筑制图与识图的学科融合能在承认学科差异的基础上不断打破学科界线，促进学科间相互渗透、交流的活动。

（二）课程融合的学情

本次中职"数学"与"建筑制图与识图"学科融合的被授课学生为中职建筑工程施工专业学生。中职建筑工程施工专业对学生逻辑思维要求比较高，而部分学生在这方面比较欠缺，由于缺乏立体几何知识的理论基础，学生在学习"基本体的投影"时，对基本曲面体和两立体相交这两部分的内容学习比较吃力。

（三）课程融合的必要

中职数学是中等职业学校各专业学生必修的公共基础课程，承载着落实立德树人根本任务、发展素质教育的功能，具有基础性、发展性、应用性和职业性等特点。建筑制图与识图是中职建筑工程施工专业学生专业课的核心课程。通过课程学习，学生掌握投影的基本原理和作图方法，掌握建筑工程施工图的绘图技能和识读方法，掌握一般民用建筑的构造原理及常用构造方法。通过数学几何知识的学习，建筑工程施工专业学生可以提升运用图像和空间想象分析、解决问题的能力和思维品质，提升直观想象核心素养，提高识图和绘图能力，利于职业的可持续发展。

（四）课程融合的路径

1.满足专业需要，进行内容融合

中等职业学校数学课程是中职学生必修的一门公共基础课程，分三个模块：基础模块、拓展模块一和拓展模块二。基础模块包括基础知识、函数、几何与代数、概率与统计；拓展模块一是基础模块内容的延伸和拓展，包括基础知识、函数、几何与代数、概率与统计；拓展模块二是帮助学生开拓视野、促进专业学习、提升数学应用意识的拓展内容，包括七个专题和若干个数学案例，如图5-4所示。

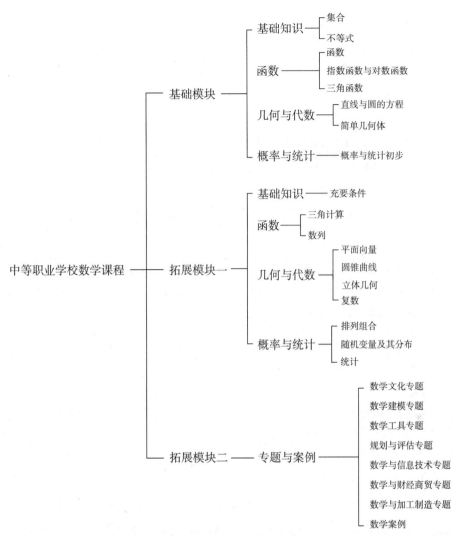

图 5-4 中等职业学校数学课程思维导图

中职学校使用的数学教材是《数学》（基础模块）上、下册和《数学》（拓展模块）。

《数学》（基础模块）上、下册

《数学》（拓展模块）

图 5-5 中职学校使用的数学教材

以上三本教材所含知识都偏基础，与专业课程结合较少。本案例中的柱、锥、球及其简单组合体选自中职《数学》（基础模块）下册第五章立体几何，学生在高二年级学习。建筑制图与识图是建筑工程施工专业的专业核心课程，在中职高一第一、二学期开设。两门课程在开设时间上存在严重脱节现象。在实施单元五基本体的投影教学时，由于学生缺乏立体几何知识的理论基础，教师通常会在正常教学之前进行相关立体几何知识的补充，因此给教学增加了难度，影响正常教学进度和效果。本案例中数学课程中的柱、锥、球及其简单组合体与建筑制图与识图课程单元五基本体的投影的教学内容如表5-1所示。

表5-1 "数学"+"建筑制图与识图"教学内容

	"数学" 柱、锥、球及其简单组合体		"建筑制图与识图" 单元五基本体的投影
教学内容	多面体 认识侧面展开图，求侧面积、表面积和体积；长方体、正三角形、正方体的直观图画法。		平面体的投影 长方体的投影、长方体组合的投影、斜面体的投影。
	旋转体 认识侧面展开图，求侧面积、表面积和体积。		基本曲面体的投影 圆柱体的投影、圆锥体的投影、球体的投影。
	简单几何体 三视图画法		两立体相交 两平面立体相贯、同坡屋面的投影、平面立体与曲面立体相贯、两曲面立体相贯。

中职数学课程中的柱、锥、球及其简单组合体很大部分为基础理论知识，有一些应用实践性内容，表现形式也是应用题，从教学内容本身来说，无法锻炼学生的专业实践能力。根据建筑工程施工专业所需，本案例在保留原有多面体、旋转体和简单几何体认识、画法的基础上，将柱、锥、球等多面体或旋转体归类为单体，将简单组合体归类为组合体。在单体部分，重组教学顺序，先识定义，再观图形，最后对展开图进行分析，提升了学生的直观想象核心素养；在组合体部分，增加专业课程教学所需的组合方式，比如叠加、切割和混合，以及投影图分析，包含形体分析和线面分析。在绘图方面，除了数学课程要求的斜二测画法和三视图外，本案例增加了三面正投影图画法，为学生绘制专业图形奠定方法基础，使得中职数学这门课程与建筑制图与识图更好融合。案例重构内容还增加了绘制专业作品和评价专业成果模块，其目的是把所学用到专业实践中去。从知识到方法，从实践到效果，层层递进，符合学生的最近发展区理论，解决了专业课程教学过程中数学知识脱节的问题，促进了学生的直观想象核心素养形成，提高了学生的绘图识图能力，有利于学生专业的可持续发展。

中职数学课程的柱、锥、球及其简单组合体与建筑制图与识图单元五基本体的投影重构后的内容见图5-6所示。

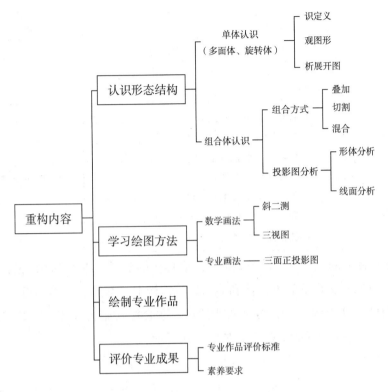

图 5-6 案例重构内容思维导图

2. 创新教学模式，进行教法融合

本案例中，数学课程中的柱、锥、球及其简单组合体与建筑制图与识图课程的单元五基本体的投影的教学目标和素养要求如表 5-2 所示。

表 5-2 需重构内容的教学目标和素养要求

教学目标		素养要求
数学课程9.5柱、锥、球及其简单组合体	①能认知棱柱、棱锥的模型与直观图，通过棱柱、棱锥的侧面展开过程，能说出棱柱、棱锥的结构特征，能进行棱柱、棱锥表面积、体积的计算，逐步提高直观想象和数学运算等核心素养； ②能认知圆柱、圆锥、球的模型与直观图，通过参与数学实验，能说出圆柱、圆锥、球的结构特征，会进行表面积与体积的计算，认识体会数学知识的应用，逐步提高直观想象和数学运算等核心素养； ③能指出空间几何体的不同表现形式，能画出简单空间图形（长方体、直棱柱、正棱柱、圆柱、圆锥、球）和简单组合体的三视图；	直观想象、数学运算核心素养

续　表

	教学目标	素养要求
	④能识别三视图所表示的立体模型，明确物体的主视、左视、俯视的方向，画出立体模型的直观图，逐步提高直观想象等核心素养。	
建筑制图与识图课程中单元五基本体的投影	①掌握长方体及其组合体，斜面体及其组合体，简单曲面体上点、线、面的投影规律，会进行投影分析并能画出它们的三面正投影图； ②了解同坡屋面的意义； ③掌握两正交基本平面体相交线（包括坡屋面）、平面立体与圆柱体相交线的作图方法，了解两特殊正交圆柱相交线的画法。	绘图与识图职业素养

中职数学课程的柱、锥、球及其简单组合体，围绕多面体和旋转体进行学习，也是建筑制图与识图课程中的平面体和曲面体，结构上，都是从单体到组合体的学习。重构后的内容从知识到方法，再到实践评价，融合模式施行"知""术""品""评"四个阶段，以大单元菜单模式呈现，如图 5-7 所示。

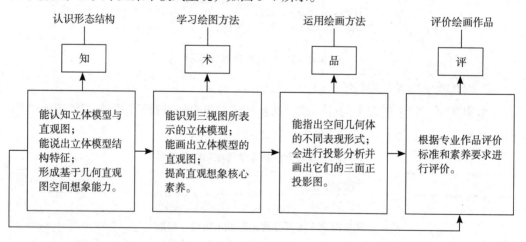

图 5-7　"数学"＋"建筑制图与识图"课程融合的教学模式

"知"阶段，突破常规教学模式，重构教学内容，主要认识多面体和旋转体的形态结构；"术"阶段，主要围绕专业绘图需求，多面体选择长方体，旋转体选择圆锥，进行斜二测画法、三视图和三面正投影图画教学；"品"阶段，学生作组合体的三面正投影图，呈现绘图作品；"评"阶段，主要对学生作品进行专业评价，评价维度有专业标准和素养要求。

本案例根据重构教学内容，借助信息化技术，结合专业特点，采用线上＋线下混合式教学模式，小组合作学习模式，教学环节分为课前导学、课中研学和课后拓学。

在课前导学环节，教师借助与专业相关的多媒体图片、视频、音频供学生学习。在课中创设情境时，通过教具、周边资源、实训室等创设真实的情境，让学生在专业情境中学习。在课后拓学环节，教师结合学生专业，进行分层作业，保证各个层次学生的学习需求。其教学流程如图 5-8 所示。

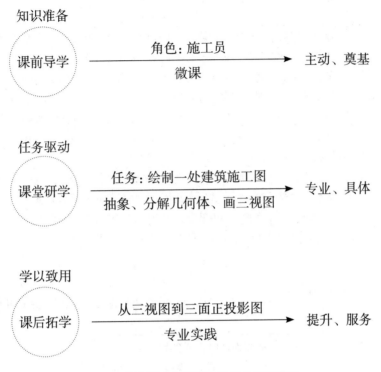

图 5-8 课程整合视野下的数学教学流程图

（五）结语

随着"三教"改革的不断推进，教材、教法和教师正成为学校走向高质量发展的重要实践。在教师团队力量方面，中职数学课程与专业课程的融合需要团队的力量，希望今后能建立由数学教师和专业教师组成的课程融合团队，促进数学教师与专业教师的交流和学习，为课程融合、教学实施奠定良好的基础。在教材内容融合方面，数学课程与专业课程的融合要基于各专业学习需要，希望在数学教师与各专业教师组成的课程融合团队的共同努力下，针对各个专业，结合学校实际情况，融合出适用于学校各专业教学的校本教材。在教学方法创新方面，通过教学实践，建立一支支创新教学团队，促进中职数学课程与专业课程的有效融合。

三、课程整合视野下中职基础学科教学实践研究——数学＋建筑课程融合教学设计

教学主题	认识多面体和旋转体			
所属课程	数学	授课对象	高 2021 级建筑专业学生	授课课时
教学设计理念	游玩中有数学、生活中用数学、专业中需数学。中职建筑专业和数学之间的联系非常紧密，建筑就是一种能够最终归结为数学的简约的艺术。数学的核心素养包含了直观想象，建模，思维运算和数据分析能力等，而建筑专业正需要这些数学核心素养。本节课认识多面体和旋转体，正是融合《建筑测量》《建筑制图与识图》两门专业课程，由建筑实物模型入手，引出建筑专业学生较熟悉的空间图形，帮助学生感知并进一步学习相关概念，从而有效的把专业知识与数学知识相结合，最终提高教学效果。			
内容分析	本课是在教材内容的基础上对棱柱、棱锥、圆柱和圆锥的概念、结构特征进行了重组，主要是对棱柱、棱锥、圆柱、圆锥的认识和结构特征的学习，为后续表面积和体积的计算奠定知识基础，提升建筑专业学生对空间图形的熟悉度，帮助他们有效将数学知识与专业相结合，促进专业知识的学习。			
学情分析	职业素养	通过问卷调查发现： （1）还有 12.5% 的学生对多面体和旋转体区分不开； （2）仅 11.11% 的学生会用把建筑专业中涉及到的几何体抽象出来；		
	数学基础	根据课前微测试数据分析： （1）96% 的学生知道多面体和旋转体； （2）仅 14.81% 的学生能全部说正确它们的结构特征 （3）还有 25.93% 的学生不会根据情境问题抽象多面体和旋转体； （4）学生的直观想象、数学运算和逻辑推理核心素养有待提高。		
	学习特点	通过问卷调查发现： （1）数学知识基础薄弱，数学学习兴趣不高； （2）专业认识模糊，学习目标不明确； （3）整体素质较高，喜欢各种文体活动，但很少会课前预习，学习习惯和方法有待提高。		
教学目标	1. 能认知棱柱、棱锥、圆柱、圆锥的模型； 2. 能说出棱柱、棱锥、圆柱、圆锥的结构特征； 3. 通过对多面体和旋转体的认识，逐步提高直观想象核心素养； 4. 经历合作学习的过程，尝试探究与讨论，培养团队合作意识.			
教学重难点	教学重点	棱柱、棱锥、圆柱、圆锥的结构特征；		
	教学难点	正确区分各单体的结构特征		

续 表

教学策略	教学组织	以探究任务为导向，将教学内容进行结构化处理，采用线上＋线下混合式教学模式，将整个教学过程分为课前导学、课中教学和课后拓学三个环节，将学科核心素养的培养贯穿整个教学过程。		
	教学方法	教法	学法	学法指导
		任务驱动法、情境教学法	探究法、实操法	渗透指导、交流指导
	教学资源	1. 微课：用于课前回顾知识、课中引入正题。 2. 超星平台：支持混合式教学开展"线上"学习，收集线上＋线下学习数据。 3. 思维导图：绘制知识体系。 4. 智慧教室：多种多媒体资源（希沃白板、平板电脑、无线网络），实现及时交互反馈，便于师生互动、生生互动； 5. GGB：用于直观展示和实际操作演练。		
融合流程图		知识准备 课前导学　构成空间几何体的基本元素 任务驱动法　→　主动、奠基 新知学习 课中教学　多面体和旋转体的概念、结构特征 情境教学法　→　有趣、具体 学以致用 课后拓学　专业　学科 任务融合　→　提升、服务		
教学准备	学生准备	1. 根据专业特点，观察空间中建筑物体的形态，思考：如果只考虑形状和大小，是什么几何体？构成它的基本元素是什么？ 2. 登录平台，完成课前任务。		
	环境准备	在无限网络环境，安装有希沃白板、GGB，能识别多媒体课件，能播放微课，能登陆超星平台的智慧教室。		
	资料准备	多媒体课件、微课、导学案、教学设计、建筑实物模型等		

四、课程整合视野下中职基础学科教学实践研究——数学＋建筑课程融合教学活动

教学环节	教学内容	教师活动	学生活动	设计意图
课前准备	1. 回顾义务教育阶段所学基本几何体有哪些？ 2. 观察空间中建筑物体的形态，如果只考虑形状和大小，是什么几何体？构成它的基本元素是什么？	发布课前任务	完成课前任务	为本次课做准备
元素引入	视频"构成空间几何体的基本元素" 看一看、想一想、说一说 观察这组几何体，根据自己的判断标准，把同一标准的几何体放在同一象限。	播放视频，引导学生回忆构成空间几何体的基本元素。	观看视频，思考这一组几何体中，哪些是柱体、椎体、球，哪些是多面体、旋转体。	通过一段视频，复习构成空间几何体的基本元素，观察几何体并判断，引入多面体和旋转体的概念。
探究学习	探究1：多面体与旋转体的概念 由若干个平面多边形围成的封闭的几何体称为多面体。围成多面体的各个多边形称为多面体的面，相邻两个面的公共边称为多面体的棱，棱与棱的公共点称为多面体的顶点。 一条平面曲线绕着它所在平面内的一条定直线旋转所形成的曲面称为旋转面，封闭的旋转面围成的几何体称为旋转体，这条定直线称为旋转体的轴，这条曲线称为旋转体的母线。	引导学生探究概念。	观察、思考、深入探究概念。	基于义务教育阶段对多面体和旋转体的认识，深入探究多面体和旋转体的概念。

续 表

教学环节	教学内容	教师活动	学生活动	设计意图
	教师介绍：本课时学习目标 1.《建筑制图与识图》课程中，关于几何体，学什么？怎么学？来看专业课老师怎么说。 2.《数学》课程中，通过本课时的学习，同学们要能区分棱柱、棱锥、圆柱、圆锥，并能说出它们的结构特征。	播放专业课教师录制的视频。	聆听、了解。	以一段专业课教师录制的视频，让学生了解《数学》课程中的多面体和旋转体在《建筑制图与识图》专业课程中的区别和联系，从而融通数学与专业课程学习的目标。
	探究2：棱柱、棱锥、圆柱、圆锥的定义要点、相关概念、分类和记法。 （表格：列标题 棱柱、棱锥、圆柱、圆锥；行标题 定义要点、相关概念、分类、记法）	播放在线画板，组织讨论学习。	小组观察、讨论、完成导学案、分组进行汇报。	围绕棱柱、棱锥、圆柱、圆锥的定义要点、有关概念、分类和记法进行探讨，深入认识多面体和旋转体。
	小组汇报、教师补充棱柱、棱锥、圆柱、圆锥的定义要点、有关概念、分类和记法。	组织汇报，适时补充	小组代表进行汇报	通过小组合作完成任务，提升学生的团队合作意识
学后检测	判断下列说法是否正确（正确的打"√"，错误的打"×"）。 （1）棱柱的侧棱一定相等。 （2）每个侧面都是矩形的棱柱是直棱柱。 （3）直棱柱的两个底面平行且相等。 （4）底面是正多边形的直棱柱是正棱柱。	展示检测题，组织学生参加检测活动。	思考、解决、完成检测。	了解课堂教学效果，为下次课的准备提供依据。

续 表

教学环节	教学内容	教师活动	学生活动	设计意图
学后检测	（5）圆柱母线长与圆柱的高相等。 （6）圆柱的两个底面可以不平行。 （7）圆锥的母线长等于圆锥的高。			
课堂小结	设计思维导图，来总结本节课所学知识。	展示思维导图、引导总结。	回忆、总结、记忆。	用思维导图进行评价总结，便于知识体系建立，提升学生直观想象核心素养。

四、认识多面体和旋转体教学反思

1. 效果与创新：

通过超星平台进行线上＋线下混合式教学，使学生学习情况有迹可循，直观有趣，有利于分层教学、因材施教。

采用 GGB 辅助教学，借助建筑实物模型，学生直观感受多面体和旋转体，帮助学生把建筑专业中涉及到的几何体抽象出来，提升直观想象核心素养。

2. 诊断改进：

本节课虽以建筑实物模型为突破口，通过分析、认识多面体和旋转体，总结多面体和旋转体的结构特征，教学提问还可以再精准一些，以问题串的形式引导学生更深入认识多面体和旋转体，让课堂更聚焦。

第六章 "中职语文 + 专业"课程整合与教学

第一节 基本策略

融合模式意在立足公共基础课程和专业课程在教学内容、教学实施过程以及教学效果评价方面探究实施融合的可能性。在公共基础课程中，以学科教材为载体，贯穿该学科所在课程的课程标准和学业测评标准，对应专业课程中的专业学科，基于该专业课程的课程标准和人才培养方案，寻找可融合的契合点。教学内容上的融合，可以是两门课程对应知识点、能力倾向、思维品质等；教学实施过程的融合，可以关注教学资源开发、教学模式构建等；教学效果评价的融合，按学生能力和需求，可以从就业标准、单招考试标准和统招考试标准方面进行。

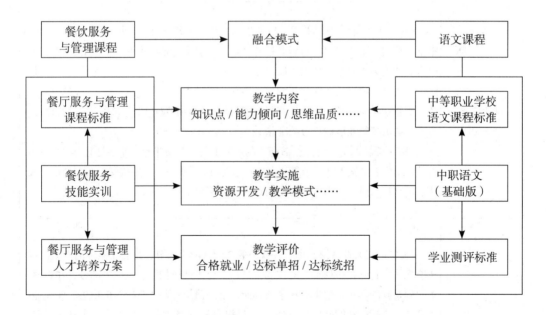

图 6-1 "餐饮服务与管理" + "语文" 融合模式图例

如图 6-1 所示。针对旅游专业的核心课程餐饮服务与管理与语文的融合教学，我们将语文基础模块内容和餐饮服务技能——餐巾折花（花型寓意的介绍）的内容进行融合。首先，从教学内容上，语文口语交际部分包含介绍这一知识点，而餐饮服务与管理也包含了给客人介绍餐巾花寓意的内容。其次，语文课程主要从介绍的文字组织上，表现语文口语交际能力训练倾向，提升学生逻辑思维能力，餐饮折花实训，锻炼了学生根据不同的宴会主题选择餐巾花，并向客人介绍餐巾花型的寓意和内涵的能力，表现了餐饮服务技能实训中的专业能力倾向和口语表达能力。而且在旅游类专业对口升学中，有这一部分内容的呈现，因此二者就具备了融合的契机。

第二节　实践案例

一、餐饮服务与管理教学设计

教学主题	餐巾折花				
所属课程	餐饮服务与管理	授课对象	2021 级旅游班	授课课时	1 课时
选用教材	《餐饮服务与管理》（第二版），樊平、李琦主编，高等教育出版社，"十三五"职业教育国家规划教材；				
设计理念	坚持"以就业与升学并重，以能力为本位"的教学理念，教师做中教，学生做中学。根据学生普遍存在对新课程有好奇心，但不善独立思考，动手能力强，但语言表达能力不足这一特点，以自主学习和"行为导向教学法"为主体，以知技法、守规范、懂运用、能创新的教学思路，让学生先"会"后"懂"，先感性后理性，真正让学生手动、脑动，获得技能与理论知识的双丰收，培养学生综合能力，为学生的可持续发展做充分的辅垫。 课前：翻转课堂，将任务书和学习资源上传到学习平台，学生通过学、测、练进行课前学习，呈现学习结果。课中：基础知识掌握后，小组接受任务，合作完成，并展示交流。进而教师点评、小组点评。以突出重点、难点。课后：拓展延伸。				
内容分析	《餐巾折花》选自第二章《餐饮服务技能》的第二节，是餐饮服务的六大基本技能之一。它既是一种独立的技能，又是摆台等其他技能表现的一部分，在教材中起到基础的作用。餐巾折花这项技能，也是四川省普通高校对口招生职业技能考试中，旅游类技能操作（应会）的考试项目。本节课，在掌握了餐巾花选择和运用的原则上，着力于培养学生能创花、会用花，即根据宴会主题设计花型、创新花型和通过语言表达花型的主题文化内涵这一系列的能力。				

续 表

学情分析	知识基础	学生通过对任务二前面三个课时"折花、解花、创花"的学习，已经了解餐巾及餐巾花的种类及特点，掌握餐巾折花的基本技法的操作要领。对于基本技法中的折叠、翻拉和卷的技法应用较熟练，但是对于推折、捏的技法掌握的不够好，能够对常见花型进行简单创新。
	能力水平	77%的同学能使用基本技法折叠出餐巾常见花型，对餐巾折花很感兴趣，但将理论知识转换为实践运用的能力参差不齐。部分同学的动手能力强，但规范意识薄弱，接受新事物快，但创新意识不浓，需要在团队的帮助下完成学习。
	行为特征	大部分学生已适应翻转课堂的教学模式，对新课程有好奇心，学习的积极性较高，能较好地配合老师的教学；但是不善于独立思考，语言表达能力不足，在小组协作模式下能较顺利地达成学习目标。
教学目标	知识目标	1. 能阐述餐巾花选择和运用原则； 2. 能掌握餐巾花折叠、摆放的注意事项。
	能力目标	1. 根据宴会主题设计制作餐巾花； 2. 准确介绍餐巾花的主题文化内涵。
	素质目标	1. 激发学生树立规范化、程序化、标准化的服务意识； 2. 培养同学之间互相帮助、互相学习的精神。 3. 提高学生发现美、创造美、传递美的能力
教学重难点	教学重点	根据宴会的性质，选择和运用花型； 突破重点——企业任务，婚宴为例，自主探究、小组合作。
	教学难点	餐巾花的创新能力；花型主题文化内涵的表达的能力； 突破难点——精讲示范、以赛促学、小组展示、小组互评。
教学策略	教学组织	以项目为引领，以任务为载体，将教学内容进行结构化和学习化处理，采用线上、线下混合式教学模式，将整个教学过程分为课前探索、课中导学、课后拓展三个教学环节，将职业核心素养和文化素养贯穿整个教学过程。

教学策略	教学方法	教法	学法	学法指导
		任务驱动法、情景导入法、项目教学法	合作探究法、自主学习法、角色扮演法	交流指导、渗透指导
	教学资源	1. 学习通。 2. 希沃白板。 3. 学习平板、问卷星。		
融合流程图				
教学准备	学生准备	1. 完成课前任务单； 2. 分为 4 个小组，建立团队文化。		
	环境准备	中餐服务多媒体教室、学习平板。		
	资料准备	电子教案、课前任务单、评价表、实训报告单、微课资源包。		

二、餐饮服务与管理教学活动

教学环节	教学任务或项目设计	教师活动	学生活动	设计意图
课前活动	"模拟班前会"，进行仪容仪表礼仪展示，五声服务用语训练	安排学生组织"模拟班前会"	1. 礼仪展示 2. 服务用语训练	对接行业中的服务流程，以"班前会"形式，让学生以"职场人"的角色从思想上、行动上进入学习状态，营造学习氛围。

续 表

教学环节	教学任务或项目设计	教师活动	学生活动	设计意图
课题导入	**活动一："忆花态"** 1.餐巾的种类及特点 2.餐巾花的种类及特点 3.餐巾折花的基本手法 **游戏互动** 1.请选出以下哪些是杯花 2.请选出以下哪些是盘花	提出问题 抽取学生回答问题 抽取学生参与游戏	答问题 参与游戏，巩固餐巾折花的常见花型	回忆旧知识，温故而知新，进而引入新课。
自主探究	**活动二："选花态"** 1.查看已经上传的课前任务书 2.分析课前测 3.检查学生初学结果	点评课前任务书 查看课前测的正确率 提出问题	倾听，并进行完善和理解 根据已有知识回答问题	体现"教师为指导，学生为主题，活动为主线"的课堂理念。让学生主动参与、自主协作，对餐巾花选择和运用的原则进行学习。
展示交流	**活动三："用花态"** **创设情景，提出任务** 1.创设与当前学习主题相关的学习情境，以婚宴为主题，设计4款餐巾杯花。 2.学生以小组为单位，互相协作，运用所学知识，现场设计并折叠4款婚宴杯花。 3.将每组设计花型拍照上传到学习平台。	布置任务：各小组分工协作，根据婚宴主题，现场共同折叠4款杯花 巡查、指导各组技能，并运用同屏录播，现场摄像投屏。 将学生设计好的花型拍照上传到学习平台。	接受任务 小组合作，现场折叠	创设情境，引发动机，引导学生建立完成任务的思路。并且强调标准，将折花手法、花型要求、语言表达以及职业习惯这四方面要求贯穿整个过程。

教学环节	教学任务或项目设计	教师活动	学生活动	设计意图
展示交流	4.各个小组派代表上台进行讲解，说出每款花型的名字以及主题文化内涵。	对学生的展示进行点评	倾听评价，进行修改	
拓展升华	**活动四："创花态"** 1.教师现场示范，同样以婚宴为主题，创作设计 4 款杯花，并介绍花型的主题内涵，通过同屏录播，现场展示。	教师现场折叠，并介绍餐巾花的主题文化内涵；借助信息技术，及时、直观、便捷的展示。	仔细观看教师的现场示范，举一反三，思考自己的不足。	着重培养学生创新花型的能力以及语言表达能力。
	2.根据教师启发，各小组对花型创新和语言介绍进行优化和修改，并派代表进行再次介绍	要求学生优化各自小组介绍花型的语言，实现从会学到会创的飞跃，优美、流利地介绍餐巾花	根据教师的启发，修改本组对餐巾花主题文化内涵的表达。小组代表再次展示、介绍。	引导学生结合标准进行互评，促进相互交流、调动了积极性。
	3.教师点评、小组互评	对学生的展示进行点评	小组根据评分标准，打分互评	
课堂小结	**总结本堂课内容：** 1.引申学生不仅要提高创花的能力，还要提高口语表达能力。不断发现美、创造美、传递美。	总结本堂课的知识点，提升学生创造、完善美的能力。	在教师的引导下总结本堂课的收获	提升专业能力和创新能力。
	2.拓展延伸	下次课，为商业宴设计花型。	小组合作为下次课程做好准备。	让学生带着思考问题离开课堂，为下一节课堂教学做好准备。

三、餐饮服务与管理教学反思

1. 任务驱动、做学合一：通过任务驱动，在做中学，学中做，在理实结合中达成了本次课的教学目标，

2. 教师主导、学生主体：在本次课中，教师弱化了教授作用，强化了对学生的指导引领作用；学生弱化了听课作用，强化了对知识运用。把课堂交还给学生、让学生成为课堂的主体。小小的岗位，大大的梦想，将在平凡的岗位中实现自我价值，强国有我的精神融入课堂。

3. 注重整体、忽略个体：在教学活动中，教师的教学环节没有考虑到个体情况，与学情分析脱节。没有引入分层教学理念，把握了整体，但却忽略了个体的成长。在今后的

教学设计与实施中，应将分层教学理念融入到教学当中，实现因材施教的目的。

四、餐饮服务与管理教学附件资料

名称	餐巾花型的选择与应用	任务	掌握餐巾花型选择和运用的原则
任务目标	在已经掌握了餐巾常见花型折叠的基础上，学习选择和运用餐巾花型的基本原则。		
任务要求	查找课本资料，自主学习，完成任务书。		
注意事项	分工合作，发挥集体力量。		

第七章 "中职英语＋专业"课程整合与教学

第一节 基本策略

如图 7-1 所示，考虑到英语学科总体的课程目标、课程内容、教学环境、具体的教学活动等要素，在课堂教学中，以中职英语基础教材为载体，贯彻英语 2020 版新课程标准和学业测评标准，对接中职专业课程中的学科内容，基于其专业课程的课程标准和人才培养方案，寻找可融合的契合点。教学内容上的融合，可以呈现为"英语＋专业课"共同的知识点、能力倾向、思维品质等；教学实施过程的融合，可以着力于对教学资源的开发、教学模式的创新等；教学效果评价的融合，可以根据学生的能力和学习需求，从就业标准、单招考试标准和统招考试标准等方面进行。

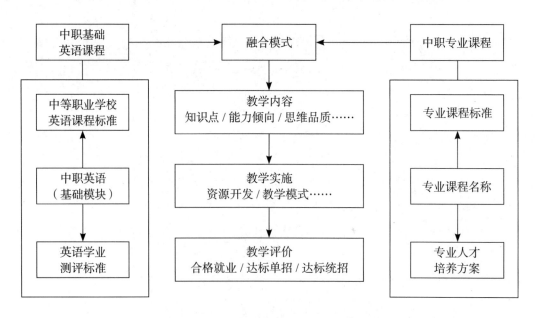

图 7-1 英语课程与专业课程融合模式示意图

如图 7-2 所示，考虑到英语学科总体的课程目标、课程内容、教学环境、具体的教学活动等要素，在课堂教学中，以中职英语基础教材为载体，贯彻英语 2020 版新课程标准和学业测评标准，对接中职专业课程中的学科内容，基于其专业课程的课程标准和人才培养方案，寻找可融合的契合点。教学内容上的融合，可以呈现为"英语＋专业课"共同的知识点、能力倾向、思维品质等；教学实施过程的融合，可以着力于对教学资源的开发、教学模式的创新等；教学效果评价的融合，可以根据学生的能力和学习需求，从就业标准、单招考试标准和统招考试标准等方面进行。

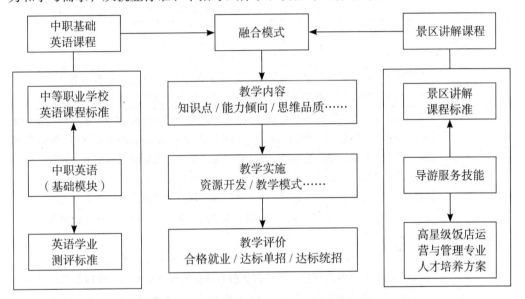

图 7-2 "英语基础模块"＋"旅游类对口招生职业技能考试大纲"融合模式图例

中职英语与"旅游类对口招生职业技能考试大纲"的融合，我们将英语基础模块的单元内容和高星级饭店运营与管理专业统招技能考试内容进行融合。该专业的人才培养方案中明确了对英语技能的学习要求，因此，对口升学专业考试项目之一是在 3 分钟之内完成一篇英语欢迎词的讲解。该技能融入了对"景区讲解"课程知识点和英语说、写两项能力的综合考察，同时，在欢迎词撰写和讲解中充分展现了学生的学科核心素养能力（包括职场语言沟通能力、语言思维差异感知能力以及跨文化理解能力）；在教学评价部分，又需要紧密结合"景区讲解"的课程评价标准，制定针对英语欢迎词讲解的评价内容。所以，两者在教学内容、能力要求及教学评价方面都有融合的契合点。

第二节 实践案例

一、中职英语教学设计（一）

教学主题	A Welcome Speech			
所属课程	中职英语基础模块 2	授课对象	高二旅游升学班	授课课时	1 课时
选用教材	"十四五"职业教育国家规划教材《英语 2 基础模块》（高等教育出版社） "十三五"职业教育国家规划立项教材《导游情景英语》（旅游教育出版社）			
教材分析	本课时系教师对高教社《英语基础模块 2》Unit1 Traveling-Listening and Speaking 部分的拓展，参考《导游情景英语》Lesson 5 A Welcome Speech 教学内容，整合形成的一节听、说课，主题为赴酒店途中的导游欢迎词。该课时对接旅游专业对口高考技能考试中的项目要求，围绕两个欢迎词文本展开教学活动。引导学生在分析、提炼、比较、运用的学习思路下，逐步掌握导游欢迎词的内容框架和常用表达。通过课中课后的不断巩固、练习，学生能根据导游服务技能考试的欢迎词讲解背景，流利地进行讲解。 另外，本课的教学并不止停留在梳理导游欢迎词的内容和完整讲解上，更是落脚在模仿范文的遣词造句和挖掘导游应具备的职业素养上。教师在综合了两本参考教材的教学内容后，以延续 Role Play 环节中 Parry 赴四川游的情景设定，来展开导游欢迎词讲解练习，让学生通过角色扮演，充分体会导游在欢迎和接待外国游客时应具有的能力素养。			
学情分析	本课授课对象为旅游专业高二年级，由于课程安排和课时等方面的原因，学生在中职阶段仅使用了基础英语教材，未接触专业英语用书，因此学生的英语专业知识和技能都比较薄弱。考虑到实际的教学情况，教师专门针对导游欢迎词话题做了一个课前问卷调查，旨在了解学生对中英文导游欢迎词的知识迁移和语言转换能力，为课中的教学策略提供依据。 根据本课的课型和授课内容，对学生的具体学习情况分析如下： 1. 听说技能方面：通过 Unit1 Traveling(Listening and Speaking) 部分的学习，学生已掌握谈论旅游的一些基本词汇，如 local,tour guide,travel agency,scenic spot, 会用介绍景点的基本句型：In front of us is....,Shangri-La is famous for/is also rich in....,On our journey,you will experience....,It's really worth visiting. 经过课前对已学词汇的复习和导游欢迎词中新词自学，可基本理解听力的内容，并能分别运用三至四个简单句介绍自己和景点，但在话题信息整合和框架搭建方面，学生仍缺乏一定的表达逻辑性和连贯性。因此本节课中，教师将以由点到面的形式搭建语言脚手架，引导学生分析欢迎词的框架、用语，最终能够连贯成文。			

	2. 思维能力方面：英语口语表达一直是很多学生的短板，这一方面归结于学生词汇量的不足；另一方面则是由于他们普遍缺少说前谋篇布局的思维习惯，特别针对欢迎词这类成篇性的表达。所以，这种边说边思考的习惯可能会造成在正式介绍中遗漏要点。在本节课中，将引导学生通过分析、提炼、比较、归纳、综合等思维方式，促成学习目标的达成。 3. 学习认知和习惯方面：学生能认识到学习英语导游欢迎词对其技能考试的帮助，具有较为充分的学习心理准备；他们能通过互联网获取欢迎词的各种文本资料，但提炼和运用其中信息的能力还有待加强，需要教师搭建支架进行引导。该班大部分学生具有独立的自主学习意识，英语基础相对比较扎实，能在课堂上通过合作和讨论的方式完成学习任务，课堂表现力强。教师可设置一系列不同层次的问题和小组讨论活动来激发学生的学习热情，同时培养他们的独立思考能力和合作精神。
教学思路	本课以如何进行英语导游欢迎词讲解为线索，依据学生的学习能力与需求，从听、说两个方面为学生搭建语言表达支架，以确保学习内容的输出。 课前设置问卷调查和词汇的固与学环节，旨在为课中导入部分做语言基础准备；课中以活动为依托，分别搭建框架支架、语言支架和连贯支架。 活动一：呈现一段"现场版"的导游欢迎词，通过提问和小组讨论，并研读视频文本后，总结导游欢迎词的内容要素； 活动二：阅读一篇完整的导游欢迎词，在已获得的框架基础之上，学生从中准确定位和提炼要素信息，同时对比前一个文本内容，做句子模仿、替换练习； 活动三：设定情景任务，呈现表达框架，要求学生思考好介绍顺序，使用适当的衔接词和句子完善内容，并展开口头操练。 教师根据导游欢迎词讲解中的形态要求和语言要点，提供评价表。经过小组代表展示后，进行互评，师生共同提出完善意见。 课后以作业的形式让学生查阅导游致英语欢迎词的注意事项，并加强对欢迎词的操练，最终达到流利讲解的学习效果。
融合流程图	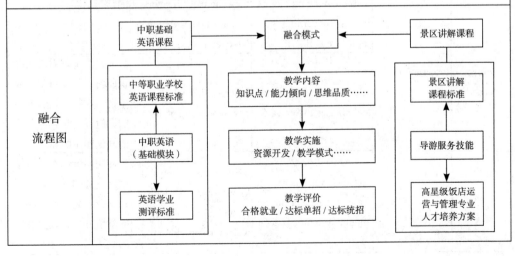

续 表

教学目标	1. 能够识记、运用与导游欢迎词相关的词汇、短语及句型，如： heartfelt, hesitate, luxurious, smooth, cooperation on behalf of, be in safe hand If you have any questions or requests,please (don't hesitate to) let me know. 2. 能通过听读写说练习，分析、提炼、比较、归纳、运用目标句型，并按一定的逻辑顺序完成欢迎词的口头表达。 3. 通过学习和操练导游欢迎词，感悟中国导游在致欢迎词中所体现的情感态度，学会用真诚、热情的工作态度对待游客；鼓励学生适当运用中国习语来增加导游欢迎词的文化特色。 4. 培养课前"固＋学"的学习习惯和课后"反思＋内化"的学习意识。	
教学重点	能根据具体的导游欢迎词讲解背景，运用表达框架发表欢迎内容。	
教学难点	对导游欢迎词文本信息的提炼和整合及在实际运用过程中的恰当表述。	
教学方法	教法	任务驱动教学法、POA 教学法
	学法	自主学习法（小组讨论，完成导学案）
教学资源	PPT 课件、希沃白板 5、超星学习通	

一、中职英语教学活动（一）

教学环节	教学内容	教师活动	学生活动	设计意图 核心素养、融合意图或思政设计
Before-class	Prepare for class	1.Upload the word cloud to the class QQ.(The word cloud contains words and expressions learned in the previous lessons concerning the topic "travel".)	1.Review the words and expressions by themselves. Furthermore, they can use "I smart" to consolidate what they have learned.	1. 督促学生巩固已有的话题词汇量，保证新课的学习进度。
		2.Upload the new words and phrases to Seewo 5	2.Scan and study the new words and phrases.	2. 通过课前观看希沃知识胶囊，学生自学本课生词。在提升自学能力的同时，初步扫清新课的知识输出障碍。
		3.Use "Wen Juan Xing" to have a survey about a welcome speech.	3.Finish the survey and know some knowledge related to on-the-way welcome speech.	3. 使用问卷调查了解学生已具备的导游欢迎词知识，从而进行更准确的学情分析，调整教学的侧重点。

教学环节	教学内容	教师活动	学生活动	设计意图 核心素养、融合意图或思政设计
Step1 **Lead-in**	video appreciating	Play a short video and let students answer some questions about the welcome speech. Q1:What does the girl do? A.A driver B.A receptionist C.A local tour guide D.A student Q2：How did the girl welcome the tourists? A.Welcome to Chengdu, my hometown. B. It's my honor to stay with you in next five days. C. It's so nice to have you stay with me on such a beautiful day. D. Welcome to our city, hope you have an enjoyable stay here. Q3-Q5（略）	Watch the video and choose the answers to the questions.	运用一个来自求职者导游技能展示的视频片段来吸引学生，快速导入话题；并以此片段作为导游欢迎词的学习起点，通过后续的知识输入，学生能更完整地获取和掌握学习内容。此外，该视频也为头脑风暴做铺垫。

续　表

教学环节	教学内容	教师活动	学生活动	设计意图
				核心素养、融合意图或思政设计
Step2 Scaffold for structure	Brainstorming: Discuss and list the basic elements of making a welcome speech	1. Let students listen and read the text on video again, then ask them to discuss the following questions with the help of given information. Q:How many parts does the welcome speech have? What are they? ① Greeting ② Self-introduction ③ Commitment to service ④ A brief introduction to the scenic spot to visit.	1.Listen and read the first text, then answer the questions after group discussion.	1. 以头脑风暴的形式展开对导游欢迎词内容要素的思考，促使学生结合已有的专业知识去建构关于导游欢迎词的相关图式。
		2.Teach students to read the first text (listening material).	2.Read the text and master some expressions about the welcome speech.	2. 讲解听力文本中的重点词汇和句型，帮助学生更好地掌握本篇导游欢迎词的要点，为后面的读、写任务做准备。核心素养：通过思考导游欢迎词的内容框架，提升学生在语言条理性、逻辑性表达方面的意识；在理解欢迎词内容的同时，知道运用导游行业礼貌用语的重要性。

续 表

教学环节	教学内容	教师活动	学生活动	设计意图
				核心素养、融合意图或思政设计
Step3 Scaffold for the language input	1.Read and analyze	1.Let students analyze the logical organization of Text2, and find out the related expressions.	1.Students retell these expressions (1 "What" and 5 "How") Q1.What basic information will you introduce tourists in a on-the-way welcome speech for the first time to hotel? ① Greeting ② Team introduction ③ Commitment to service ④ A brief introduction to the city ⑤ A brief introduction to the hotel Q2-Q6(略)	本环节拓展了上一环节的提问深度，一方面检验了学生对不同情景下导游欢迎词内容要素的分析能力，另一方面通过问题和提示，模仿句子表述，训练学生对英语句子的学习思维，即以模仿要点为中介，以创新新句为目的，高效提升语言表达能力。
	2.Make sentences by imitating	2.Let students underline the sentences related to city overview and try to introduce Chengdu by Imitating.	2.Practise and imitate the sentences about city introducing	

续 表

教学环节	教学内容	教师活动	学生活动	设计意图
				核心素养、融合意图或思政设计
Step4 Summary	Sort out knowledge points	1.Make a summary for more expressions to be used in a welcome speech. Show welcome: ① As a Chinese saying goes, we are so happy to have friends like you coming from afar.(有朋自远方来，不亦乐乎。) ② No distance can prevent friends getting together.(有缘千里来相会。)	Students know more expressions on the topic of welcome speech, consolidate the key knowledge of this lesson.	1. 以一些表示欢迎客人的中国习语来抛砖引玉，鼓励学生在后续的练习中丰富自己的欢迎词内容。
		2.Make a summary for the content of welcome speech.		2. 开展快问快答，让学生加深对导游欢迎词中关键知识的理解。
Step5 Homework	Base on the summary, polish your welcome speech.	Assign the homework	1.Recall the structure of making a welcome speech, practice more expressions that can be used in it. 2.Polish and recite the welcome speech on the way to hotel.	由于课堂教学时间有限，要求学生在课后加强对导游欢迎词的口头操练，力争做到内容介绍完整、口语表达流利的学习效果。

续 表

教学环节	教学内容	教师活动	学生活动	设计意图 核心素养、融合意图或 思政设计
教学反思	1. 亮点与创新点：本节课充分融合了基础英语单元话题和旅游专业高考技能展示内容，并始终围绕着专业技能要求设计教学内容。同时，重视学生语言逻辑思维能力的培养，强调工作用语的规范性和专业性，以对接的专业课程评价标准来指导学生完善学习内容。 2. 不足与改进： （1）本节课的学习内容较多，可适当增加一些课前学习活动，充分做好课堂教学的铺垫。 （2）部分学生将中文景区讲解课程的学习要求迁移到英语欢迎词的写作上，教师应在肯定学生专业能力的同时，引导学生积极拓展思维，综合考量游客的文化背景，设计适合外国游客旅行意愿的欢迎词，如在简介城市的部分，重点介绍城市的历史和文化。			
教学附件	1. 课前调查问卷 2. 希沃知识胶囊 3. 导学案（附件一）			

三、中职英语教学附件（一）

A Welcome Speech

——导游欢迎词讲解导学案

【学习主题】"十四五"职业教育国家规划教材《英语2基础模块》Unit1 Traveling-Listening and Speaking 的拓展：A Welcome Speech

【学习目标】

1. 能够识记、运用与导游欢迎词相关的词汇、短语及句型，如：

heartfelt, hesitate, luxurious, smooth, cooperation

on behalf of, be in safe hand

If you have any questions or requests, please (don't hesitate to) let me know.

2. 能通过听读写说练习，分析、提炼、比较、归纳、运用目标句型，并按一定的逻辑顺序完成欢迎词的口头表达。

3. 通过学习和操练导游欢迎词，感悟中国导游在致欢迎词中所体现的情感态度，学会用真诚、热情的工作态度对待游客；并适当运用中国习语来增加导游欢迎词的文化特色。

4. 养成课前"固＋学"的学习习惯，增强课后"反思＋内化"的学习意识。

【学习材料】

文本 1

Good morning,ladies and gentlemen.It's so nice to have you stay with me on such a beautiful day. First of all, please allow me to introduce myself. My name is Julia, I'm your local tour guide from Chengdu Travel Service. If you have any special questions or interest, please let me know. As your schedule in the Chengdu area, we have now arrived at Dujiang Dam Irrigation System , which is a famous water conservancy project.

文本 2

Good afternoon,ladies and gentlemen.It's my pleasure to have new friends from the United States. Welcome to Hangzhou. It's the Heaven on earth. First of all, please allow me to express the most heartfelt welcome to all of you on behalf of CYTS. Let me introduce my team to you. This is Mr.Wang, who is an experienced driver of more than 20 years, so we are in very safe hands. My name is Liu Lin, and my English name is Lily, you can call me Lin or Lily. I am your local guide during your stay in Hangzhou. If you have any questions or requests, please don't hesitate to let me know.

Perhaps it's the first time for you to visit Hangzhou, so I'd like to give you a brief introduction about it. Hangzhou is a modern city, but it's also an old city with a long history and brilliant culture. There are many famous scenic spots, such as West Lake, Qiandao Lake. On our journey you will also experience tea culture,drink the typical green tea–Longjing Tea and Biluochun Tea.

Now we are on the way to Sheraton Hotel, a luxurious five-star hotel. It's just in downtown, you can experience the bustling city tonight. I hope you will enjoy it and your stay in Hangzhou.

【学习任务】

（1）Situation setting

Parry(a young British man) and his friends are going to travel around Sichuan during the coming holidays.

Suppose you are a local guide from Sichuan Travel Service, how to give a welcome speech when you're on the way to Holiday Inn(假日酒店).

（2）An outline

Good evening, ladies and gentlemen. It's my pleasure to have new friends from_____. Welcome to Chengdu._____Let me introduce my team to you._____If you have any questions or requests,_____.

Perhaps it's the first time for you to visit Chengdu, so I'd like to give you a brief introduction about it._____.

Now we are on the way to Holiday Inn,_____.

Index 评价指标	Evaluation Standard 评分标准	Excellent	Good	OK	Come on
Pronunciation Intonation 语音语调	语音清晰,语速适中,节奏合理;				
Presentation skills 表达能力	语言准确、规范;表达流畅、有条理;				
Content 讲解内容	讲解信息正确,详略得当,要点明确;				
Appearance Manner 仪容仪态	衣着打扮端庄整齐,言行举止大方得体,符合导游人员礼仪礼貌规范。				

At the end of the class, I got____Excellent____Good____OK____Come on

附:四川省普通高校对口招生职业技能考试大纲(旅游服务一类)

旅游服务一类技能操作分为导游服务技能和酒店服务技能两个项目,考生须参加两个项目的考试。

本项目设欢迎辞讲解和模拟景点讲解两个分项目,总分75分。其中,欢迎辞讲解考试15分,模拟景点讲解考试60分。实际操作考试时间约为7分钟。

技能考试项目	技能考试要求
1.欢迎辞讲解(英语讲解)	(1)能够熟练使用导游接待服务英语完成欢迎辞讲解 (2)能够根据自设的游客类型完成成都双流机场到入住酒店的途中欢迎辞讲解设计 (3)具有良好的心理素质和应变能力 (4)时间不超过3分钟

续 表

2.模拟景点讲解（考生在九寨沟、都江堰、峨眉山、三星堆四个景区中现场抽取其一进行景点讲解	（1）使用普通话讲解，口齿清晰，语调自然，音量和语速适中，节奏合理 （2）语言准确、规范；表达流畅、条理清晰；具有生动性和趣味性 （3）景点信息准确，要点明确，无知识性错误 （4）结构合理，层次分明，详略得当，主题突出 （5）内容健康，与时俱进，具有一定的文化内涵和创新性 （6）会使用导游讲解方法，讲解通俗易懂，富有感染力、亲和力和良好的沟通能力 （7）体态自然，表情、动作、姿态运用恰当 （8）时间不超过4分钟

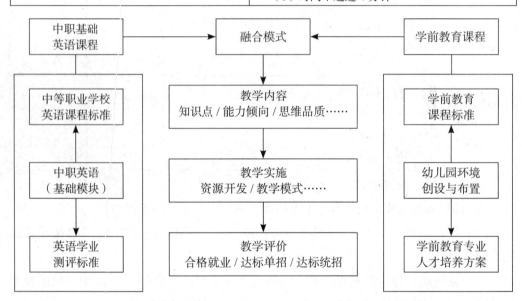

图 7-3 "英语基础模块"＋"幼儿园环境创设与布置"融合模式图例

如图 7-3 所示，中职英语与学前教育专业的融合，我们采用了"英语基础模块"的单元内容和"幼儿园环境创设与布置"的技能进行融合。首先，在教学内容的选择上，英语的单元话题是制作节日宣传海报，这也是"幼儿园环境创设与布置"中所涉及的学生技能，该教学内容的融合能充分展示学生的学前教育技能与英语语言能力。其次，在教学方法的使用上，采用了情景教学法和任务驱动法，设定了学生的岗位任务，从任务准备（信息收集、宣传海报美工设计）到任务实施（信息提炼、制作宣传海报、语言操练）都体现了两门课程在知识点和能力要求上的融合。

四、中职英语教学设计（二）

教学主题	Unit1 Festivals Around the World ——Group Work (Make a leaflet in groups)				
所属课程	中职英语基础模块 3	授课对象	高二学前教育升学班	授课课时	1 课时
选用教材	"十四五"职业教育国家规划教材《英语 3 基础模块》（高等教育出版社） 中职中专学前教育系列教材《幼儿园环境创设与布置》（科学出版社）				
教材分析	本节课以高等教育出版社出版的"十四五"职业教育国家规划教材《英语 3 基础模块》和中职中专学前教育系列教材《幼儿园环境创设与布置》为资源依托，具体选取了新课标版第 1 单元中外节日话题下的 Group Work 板块内容。该板块的教学目标是引导学生通过阅读并理解有关元宵节的语料，梳理、提炼介绍节日的关键信息，以向外国人输出中国传统节日和文化习俗知识为目的，小组合作完成制作节日宣传单的任务。基于本节课的学习内容和课型，教师将引导学生以小组合作学习的方式，分课前、课中、课后三个阶段完成职场模拟任务（即制作元宵节的英文宣传单，向幼儿园的外籍小朋友介绍该节日）。				
学情分析	基本学习情况：本课授课对象为中职高二学前教育专业升学班学生，该班学生因受到专业学习的熏陶，思维较为活跃，善于表达和交流，且具有一定的英语学习积极性。同时，学生们也有较多的小组合作学习经验，乐于与同学合作完成学习任务。另外，高二学生已经具有了一定的信息素养，可以从网络平台、常用学习应用软件、书本等多渠道获取信息，但信息的加工、提取、运用能力比较一般，需要教师加以引导和训练。 学前情况：通过本单元前 5 节课的学习，学生已熟悉了描述节日及活动的常用词汇和句型；读写课后，学生知道从日期、意义、起源、习俗等方面学习节庆类说明文。因此，作为对本单元所学内容的一个综合检验板块，教师在 Group Work 部分将引导学生借助一定的信息化学习资源，开展小组合作学习，完成节日宣传单的设计与制作。				
教学策略	基于对教学内容和学情的分析，本课教学以情景教学法和任务驱动法为主。首先，利用前置作业让学生熟知新词汇、了解元宵节的介绍要素，同时通过观看课前视频，让学生加深对元宵节习俗的理解；课中，使用希沃白板的教学功能检验学生词汇积累情况，然后通过创设学前教育专业学生未来工作岗位情境，设定一系列解锁任务的课堂活动；最后，以完成元宵节宣传单创作来检验各小组学习效果；通过设置对应的评价标准，师生共同参与评价学习成效。课堂总结部分，使用思维导图帮助学生巩固学习内容，布置分层作业，满足不同层次学生的学习需求。				

续 表

融合流程图	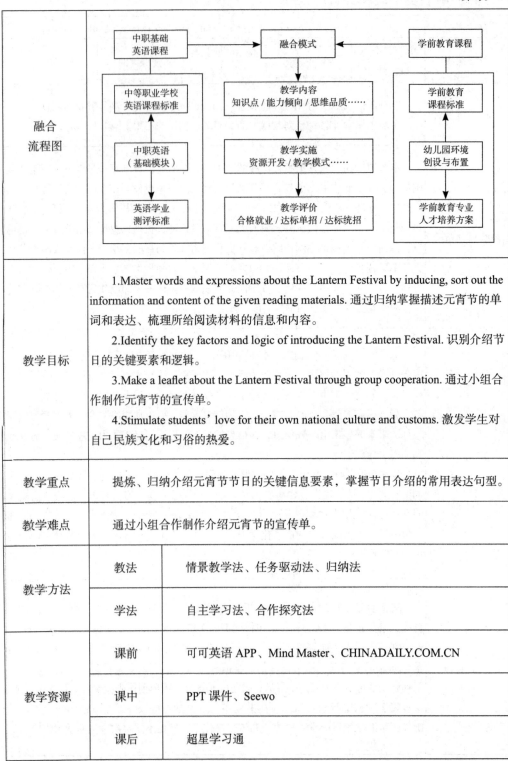
教学目标	1.Master words and expressions about the Lantern Festival by inducing, sort out the information and content of the given reading materials. 通过归纳掌握描述元宵节的单词和表达、梳理所给阅读材料的信息和内容。 2.Identify the key factors and logic of introducing the Lantern Festival. 识别介绍节日的关键要素和逻辑。 3.Make a leaflet about the Lantern Festival through group cooperation. 通过小组合作制作元宵节的宣传单。 4.Stimulate students' love for their own national culture and customs. 激发学生对自己民族文化和习俗的热爱。
教学重点	提炼、归纳介绍元宵节节日的关键信息要素，掌握节日介绍的常用表达句型。
教学难点	通过小组合作制作介绍元宵节的宣传单。

教学方法	教法	情景教学法、任务驱动法、归纳法
	学法	自主学习法、合作探究法

教学资源	课前	可可英语 APP、Mind Master、CHINADAILY.COM.CN
	课中	PPT 课件、Seewo
	课后	超星学习通

五、中职英语教学活动（二）

教学环节	教学内容	设计意图 核心素养、融合意图或 思政设计
课前预学	1.Review what students have learned before class. （1）观看词汇知识胶囊 （2）观看 Festive China—the Lantern Festival （3）利用 Mind Master 制作元宵节内容要素的思维导图 2.List the learning preparation （1）Guided learning plan （2）Evaluation Form 展示本节课学生所需要用到的学习工具：导学案、评价表。	1.通过回顾课前的学习活动，能让学生将注意力快速地集中到学习中来；再强调本节课的学习准备和工具，从而自然过渡到新课内容的讲授环节。 核心素养：通过观看学习视频，自测词汇以及制作思维导图的课前活动，锻炼学生自主学习能力，引导学生思考如何获取语言学习策略。
课中做学 Lead-in （情景导入，任务引领）	3.Present the situation, let students know what they will do next. 国际幼儿园计划在元宵节到来之际，向外籍小朋友介绍中国元宵节的文化习俗知识，作为幼儿园的教师，你需要制作一份元宵节宣传单，向小朋友们介绍该节日的相关信息。 4. Vocabulary-check, finish the first task: Review the words from reading materials of the Lantern Festival. 通过词汇云展示以及希沃配对和填空游戏，检验学生对语篇中出现的单词、短语的掌握情况。 5. Read in groups and finish Task2-Task6. Task2：Use mind mapping and elicit the elements of information about festivals. 结合三段阅读材料，小组成员分工合作，以头脑风暴的形式完成对节日要素的思维导图绘制。 Task3：Underline the expressions about time, importance, history, origin, celebrations, food of the festival. 划出关于节日关键要素的表达，检验学生对文章内容的熟悉程度，为书写宣传单的文字内容做准备。	2. 创设学生未来工作岗位任务情境，让学生了解本节课的学习重点，激发学生的学习兴趣。 融合意图：节日宣传单的制作是学前教育专业学生在幼儿园环境创设与布置课程学习中所要掌握的技能。英文版的节日宣传单融合了英语语言和学前教育绘画、环境创设的能力点。 3. 通过引导学生完成词汇检测游戏，帮助他们进一步明确节日介绍中的重点单词和短语；为节日信息的提炼扫清障碍。 4.学生在课前已做的思维导图基础上，进一步掌握对节日说明文信息的提炼方法，理清文章的框架结构。

教学环节	教学内容	设计意图 核心素养、融合意图或思政设计
Group Work（分工合作，任务解锁）	Task4：Try to answer first and quickly and finish the record form through group discussion. 根据提炼出来的节日关键信息设置问题，并开展快问快答活动作为节日信息的口语表达示范，然后组织学生进行小组问答练习。 Task5：Ask and answer with your partner according to the record form. 填写并分享节日信息记录表，选出小组代表作为宣传单的解说员。	5. 通过设计有针对性的阅读任务，帮助学生找到节日信息的收集和提炼途径，并学会分享信息。 6. 综合前面的阅读任务，让学生各司其职，以制作和解说节日宣传单的方式实现语言输出；通过小组合作完成任务，提升学生的团队合作意识和文化素养，并让他们意识到做好节日计划，安排好节日活动的重要性。
Group Work（分工合作，任务解锁）	6. Summary：Use mind map to show the key points and difficulties of this lesson, stress on the learning methods. 利用思维导图罗列本节课的学习任务以及与其相关的知识点，再次强调为完成学习任务所要使用的学习方法。	7. 通过思维导图逐步呈现本节课中各知识点的逻辑关系，引导学生在该知识框架体系下有侧重地归纳、记忆知识点，并运用好学习策略。

课后复学	7. Homework:
	Level 1: Improve your leaflet(对照班级选出的最佳节日宣传单，完善课堂中所写的宣传内容，拍照上传学习通）
	Level 2: Fill in the content to publicize one of the four traditional Chinese festivals（小组合作，从中国四大传统节日中选一个完成节日知识的宣传普及，可参考所列表格内容，要求内容完整、书写格式正确，拍照上传学习通）
	
	    | Festival | |
	    | Time | |
	    | Origin | |
	    | Typical Food | |
	    | Customs | |
		8. 根据学生课堂表现和评价结果，布置分层作业，力求从不同的出发点来加强学生对语言知识的掌握，提高他们自主学习的能力，维持学习热情，同时也为本单元学习划上一个完美的句号。
		思政设计：本节课的作业设计不仅要检验学生知识掌握情况和知识迁移能力，同时也以查阅和宣传中国四大传统节日为契机，加强学生对中国传统民俗文化的了解,坚定文化自信,促进文化传播。

续 表

教学环节	教学内容	设计意图
		核心素养、融合意图或 思政设计
教学反思	1.亮点与创新点：教师结合所教班级的专业和学情，设定了针对该班学生的未来岗位情境，以完成节日宣传单的制作与解说为学习目标，分成课前、课中和课后三个阶段细分学习任务，所有学习活动都是围绕如何解决学生词汇学习不扎实、节日信息提炼不全面、语言表达不准确的问题而展开。 　2.不足与改进：（1）做好学生课前学习的督促与评价；（2）充分利用学习任务评价表，发挥多方评价的激励功能，提升学生的参与意识和岗位合作意识。	
教学附件	1.希沃知识胶囊 　2.元宵节英语介绍视频 导学案（附件一）	

六、中职英语教学附件（二）

Unit1 Festival Around the World

——Group Work 导学案

【学习主题】高等教育出版社"十四五"职业教育国家规划教材《英语 3 基础模块》Unit1 Festival Around the World (Group Work)

【学习目标】

1.Master words and expressions about the Lantern Festival by inducing, sort out the information and content of the given reading materials.

通过归纳掌握描述元宵节的单词和表达、梳理所给阅读材料的信息和内容。

2.Identify the key factors and logic of introducing the Lantern Festival.

识别介绍节日的关键要素和逻辑。

3.Make a leaflet about the Lantern Festival through group cooperation.

通过小组合作制作元宵节的宣传单。

4.Increase attention to national culture and customs.

增强对民族文化和习俗的重视。

【学习任务】

全班分成 5 个小组，以小组合作学习的方式，完成本节课 5 个学习任务。

Task1：Use mind mapping and elicit the elements of information about festivals.

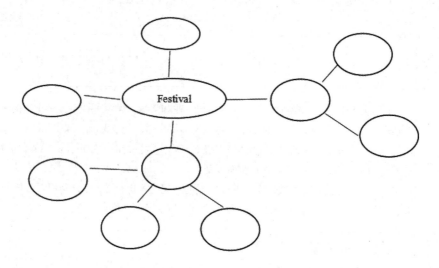

Task2：Sort out and screen the content of the festival leaflet.

Time of the festival:

Importance of this festival:

The history of this festival:

The origin of this festival:

The celebrations of this festival:

The topical food of this festival:

Task3：Ask and answer with your partner according to the record form.

Unit1 Festivals Around the World(Group Work)评价量规

专业：_____　　班级：_____　　姓名：_____

评价指标		权重	评价等级及标准			评价方式			总分
一级指标	二级指标		A级（8—10分）	B级（4—7分）	C级（1—3分）	自评	小组评	师评	
小组活动	元宵节宣传单版面设计	30%	课前完成了宣传单的美工设计：版面布局合理，绘画图片与宣传主题匹配，图文颜色搭配和谐，字体美观，大小适中。	课前完成了宣传单的美工设计：版面布局基本合理，绘画图片与宣传主题可以匹配，图文颜色搭配不突兀，字体较工整，大小基本适中。	课前完成了部分宣传单的美工设计：版面布局不够合理，文字板块不突出；绘画图片不能直观体现宣传主题，图文颜色搭配不太协调，字体大小和比例不太统一。				
	元宵节宣传内容	30%	覆盖所有节日介绍要素，对应的英文信息表达简练、准确；语法、词汇使用无误。	包含课本所要求的节日介绍要素，对应的英文信息表达基本正确，有些许语言不简洁，但不影响理解；语法、词汇使用基本无误。	包含课本所要求的节日介绍要素，对应的英文信息表达基本正确，但有未按介绍要素要求的不相关信息，在语法或词汇使用方面，有明显的错误之处。				
	元宵节宣传创意设计	10%	宣传单设计新颖、有趣，图文展示部分能第一时间吸引读者注意。						
	元宵节宣传单解说	30%	内容表达完整，语言流畅，语音语调准确；声音清晰。	内容表达完整，语言基本流畅，在语音语调方面有个别错误，但不影响听者理解，声音较清晰。	内容表达不完整，语言不够流畅，在语音语调方面有一些较明显的错误；声音较小。				
总　评									
建　议		该评价表包括三个评价来源，即自评、小组评和师评，通过取平均分，得到各环节的总分。							

Record Form

Question Checklist	Answer
1.When is the Lantern Festival?	It falls on
2.Do you think the festival is very important? Why?	
3. What is the origin of the Lantern festival?	It originates/dates back to
4.What typical food do Chinese people eat on the festival?	
5.How do people celebrate this festival?	

Task4：Make the Lantern Festival leaflet in groups.

第八章　"中职思政+专业"课程整合与教学

第一节　基本策略

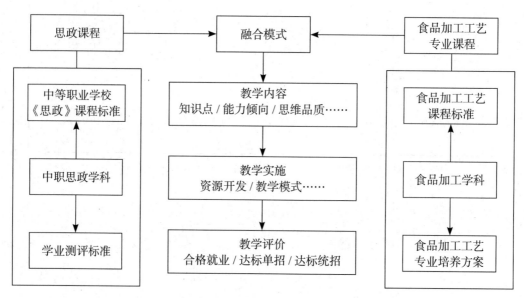

图 8-1　《职业道德与法律》+《食品加工工艺》融合模式图例

　　如图 8-1 所示，思政与食品加工工艺专业的融合，我们将职业道德内容和食品加工工艺的内容进行融合探究。在教材《职业道德与法律》的第二单元"知荣辱，有道德"中包含了道德、职业道德、良好职业行为等内容，在第五单元"依法从事民事经济活动，维护公平正义"中包含了依法规范企业的经济行为等内容。教师在教学的各环节、全过程中都需要从一般到具体、从观点到行为，将知识内容联系到学生的专业特点、行业要求和工作情境中去实现教学目标。而在《食品加工工艺》的第一章"职业道德与相关法规"的内容中，同样也包括了职业道德的基本要求、食品加工的职业道德要求以及与食品行业相关的法律法规等内容。专业教师在这部分内容的讲授时也一定会与《职业道德与法治》的内容紧密联系在一起，着眼于提高学生专业范畴内的职业道德素质和法律素养。

第二节 实践案例

一、中职思政教学设计（一）

教学主题	"职业道德与法治"＋"食品加工工艺"（1）			
所属课程	职业道德与法治	授课对象	高二食品班	授课课时	1课时
教材分析	《践行职业道德　塑造良好形象》是中职《职业道德与法律》教材的第二单元里的专题。学生通过对该专题的有效学习，深刻体会职业道德对于个人、企业和社会的重要意义，才能激发他们树立践行职业道德、塑造良好形象的愿望，因此该专题又是本单元的重要内容。			
学情分析	本课教学对象为高一食品班学生，本班学生入校一个多学期，对职业的理论知识涉及很少。该班女生数量占比大，上课纪律好，但部分学生思维不够活跃，学习不够主动。本学期教学时，教师会适当涉及相关职业方面的知识讲解，激发他们对践行职业道德的情感。			
教学目标	知识目标	理解道德和职业道德的含义，了解职业道德的内容。		
	能力目标	掌握养成职业道德的方法和途径。		
	情感目标	深刻体会职业道德对于个人、企业和社会的重要意义，树立践行职业道德、塑造良好形象的观点。		
教学重点	职业道德对于个人的意义，职业道德对于企业和社会的意义。			
教学难点	养成职业道德的途径和方法。			

二、中职思政教学活动（一）

教师活动	教学意图
引入——看漫画听故事 【说一说】 1. 在故事中，道德规范是____服从____的产物，当____反对_____时，人类的行为就会冲破道德规范的约束，带来不好的结果。 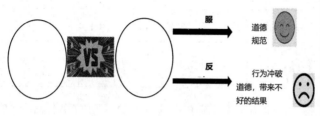 敲黑板： 道德是为维护正常的社会秩序，调解人与人之间的矛盾，调整和约束人们的行为的社会规范的总和。 职业道德是指所有从业人员在职业活动中应该遵循的行为准则，是一定职业范围内的特殊道德要求。职业道德的内容反映了鲜明的职业要求，它是职业行为上的道德准则。 2. 举例说说你所知道的一些违反职业道德的现象或行为？这些现象或行为中，存在着怎样的"欲望"和"理性"？这些现象或行为的出现，是什么原因导致的？ 3. 这些违反职业道德的现象或行为给你的生活带来了哪些直接或间接的影响？给社会发展带来了哪些直接或间接的影响？ 【选一选】 1. 如果你是企业老板，你在挑选员工时，有下面 5 类员工，你会挑选哪一类或哪几类作为自己的员工？为什么这样挑选？哪一类或哪几类员工是你绝对不会挑选的？为什么？ A. 能力好，人品好 B. 能力一般，人品好 C. 能力好，人品一般 D. 能力差，人品差 E. 能力超强，人品超差 2. 去"职场放松屋"看看，其他企业老板的选择是怎样的？他们是怎样看待这五类员工的？ 3. 说说职业道德对于个人的职业生涯有怎样的意义？	目标分解化：说一说，选一选，看一看，分一分，写一写。学生的行动具象化。 让学生感知道德和职业道德的含义 通过"选一选""看一看"的活动，让学生体验职业道德对个人、企业和社会的重要意义，使学生产生共情，唤醒学生的职业情感。

教师活动	教学意图
敲黑板： 　对个人而言：是实现人的全面发展的需要，是做好本职工作的需要，是实现自身发展的重要途径，可以塑造个人良好形象。 【看一看】 　阅读"职场放松屋"中第二个材料，分析： 　1.过去的"德国制造"是怎样的？给企业和国家带来了怎样的结果？为什么？ 　2.现在的"德国制造"是怎样的？给企业和国家带来了怎样的结果？为什么？ 　3.职业道德对企业和社会具有怎样的价值意义？ 敲黑板： 　对企业、行业而言：提高企业信誉、塑造企业良好形象，促进行业发展。 　对社会而言：提高社会道德水平、促进社会和谐建设，塑造社会良好风尚。 【连一连】 　职业道德的规范，对于个人、企业、行业乃至社会都有重要的作用。职业道德包括哪些内容呢？ 　以下出现的各种关键词都属于职业道德的内容，其中有一些是具有普遍意义、各行各业共通的要求，即所有从业者都应遵守的基本职业道德规范。还有一些是根据各行业工作性质不同而特有的行业道德职业规范。请找出哪些属于基本职业道德，哪些属于行业职业道德，将它们的序号进行归类，并试着在各个行业职业规范的后面写出该行业的名称。 　基本职业道德规范： 　行业职业道德规范：	让学生了解职业道德的内容，明白怎样做是具备职业道德的，从而形成固定的职业道德观念。

续 表

教师活动	教学意图
【写一写】 　　1.你对于自己所学专业对应行业的职业道德了解多少？试着写一写吧。 　　2.结合这些要求，说说怎样努力做一个具有职业道德的人？ 　　将小组研讨的成果做成思维导图，全班分享。 　　敲黑板：职业道德养成的途径和方法 　　在日常生活中培养——从小事做起、从自我做起 　　在专业学习中训练——增强专业意识和专业规范、重视技能训练 　　在社会实践中体验——通过实践培养职业情感，学做结合、知行统一 　　在自我修养中提高——体验生活、学习榜样 　　在职业活动中强化——将职业道德知识内化为信念，将职业道德信念外化为行为 　　将"做道德的事"作为自己的行为准则，融入一切行为活动中，一步一步让点点滴滴的道德行为成为自己的行为习惯。当进入职场后，自然而然会在各种选择面前，做出符合道德规范的选择。	引导结合自身专业学生梳理出养成职业道德的途径和方法，将规范职业道德的意识融入一切行为活动中。 解决四个问题，完成四个目标。
教学反思	
通过思政课与专业课的结合，让学生意识到思政课知识的有用性，提高了学生对"职业道德与法治"课程的重视程度，从而提高了学生的学习兴趣。同时，在课程整合的教学课堂中更注重学生的学业成就、学习动机、创造性思维，学生的积极性被调动起来，大大提高了学生的实践能力和问题解决能力，也提高了学生的专业课成绩。这有利于学生成为复合型技能人才，更有利于学生职业前景的发展。	

三、中职思政教学设计（二）

教学主题	"职业道德与法治"＋"食品加工工艺"（2）				
所属课程	职业道德与法治	授课对象	高二食品班	授课课时	1课时
教材分析	使用教材：高等教育出版社《食品工艺》。这本《食品工艺（上）食品生物工艺专业》由江建军主编，是根据教育部2001年颁布的"中等职业学校食品生物工艺专业课程设置"中主干课程"食品工艺教学基本要求"，并参照有关行业的职业技能鉴定规范及中级技术工人等级考核标准编写的中等职业教育国家规划教材。 　　教材内容结构分析：本节内容是食品生物工艺专业二年级主干课程"食品工艺"第三章果蔬制品加工工艺的必修实验之一，是果蔬重要加工工艺之一"糖渍法"的具体操作案例，通过实操学习，学生能更清楚的理解糖渍法的理论原理，能更深刻的认识食品工艺生产中对人员的要求（包括规范操作、个人卫生、操作安全等）。				

续 表

学情分析	中职食品生物工艺专业二年级学生在"食品工艺"课程学习之前，在高一已经学习过"食品化学""食品卫生"等课程，并初步了解一些食品制作工艺的知识，但是缺乏系统的学习过程，对于实操中安全操作规范、卫生要求、注意事项不熟悉，需要通过实操课加强学习。同时在整个社会大环境下，食品的快速发展、美味食品制作方法的神秘性对学生有着非常大的吸引力，食品专业学生对食品制作具有强烈的兴趣，充分培育和利用好学生的这些兴趣，将使教学更轻松。 　　学生的学习兴趣比较大，但规范操作、安全意识等方面还很欠缺。因此，为了取得较好的效果，减少意外的发生，需要对学生进行分组，教师在组织过程中也要注意引导学生的注意焦点。本课设计了一个项目任务，就是根据教师的示范和要求，在课堂时间内分组完成猕猴桃果酱的制作。	
教学目标	知识目标	要求学生熟记猕猴桃果酱制作的操作步骤，理解食品安全卫生操作的原理。 　　要求学生掌握猕猴桃果酱制作的工艺流程方法。
	能力目标	通过教师示范、学生实操，让学生熟悉果酱制作的基本流程，提高学生的理解能力和动手能力，增强学生举一反三、推断同类产品制作方法的能力。
	情感目标	提高学习食品工艺课程的兴趣，消除学生对工艺理论课的畏难情绪，培养学生全局思考问题的习惯，培养学生协作学习的习惯。
教学重点	引导学生归纳猕猴桃果酱制作的工艺流程，强调操作中的规范要求、卫生要求和安全要求。	
教学难点	猕猴桃工艺流程中各步操作的规范。	

四、中职思政教学活动（二）

教学环节	教师活动	学生活动	设计意图
导入新课（5分钟）	（一）、图片展示，引出本课实操任务： 分组完成猕猴桃果酱制作 1.实操重点：熟练果酱制作工艺 2.实操难点：规范操作，保证产品质量，发挥自己的专业专长，形成良好的职业道德和法治意识。	看果酱图片展示，倾听教师的引入 了解本节实操课需要完成的项目及要求	给予学生视觉冲击 深刻体会职业道德对于个人、企业和社会的重要意义。

教学环节	任务分解	知识要点	教师活动	学生活动	设计意图
新课讲授	微课展示教师讲授（10分钟）	1.实验原料及器材： 原料：中华猕猴桃、白砂糖 器材：搅拌机、电子秤、电炉、白磁盘、坩埚、玻璃瓶、不锈钢勺等 2.工艺流程： 玻璃瓶杀菌→原料选择→清洗→去皮→榨汁→称重→预煮→加糖浓缩→趁热装瓶→密封→冷却→成品	展示微课视频，并讲解各操作要点的注意事项： （1）玻璃瓶杀菌：沸水浴30分钟。 （2）原料选择：挑选充分后熟（手感较软）的果实为原料，剔除腐烂、发酵、生酶等不合格果实。 （3）清洗：洗净泥沙等杂物。 （4）去皮：手工剥皮。 （5）榨汁：榨汁机搅拌、榨融猕猴桃，搅拌越久，制作成品口感越细腻。（注意：搅拌机连续工作时间不超过1分钟。） （6）称重：将榨出的猕猴桃汁称重，然后称取同样重量的白砂糖待用（比例为1:1）。 （7）预煮：将猕猴桃汁放入锅中煮制，保持5分钟，边煮边搅拌。预煮的作用是使果汁中的酶失活，防止变色及果胶水解。 （8）加糖浓缩：煮沸后开始加糖，边加糖边搅拌，继续浓缩。注意调节火力大小，保持微沸即可，同时不断搅拌，防止粘锅焦化。整个浓缩过程保持在30～40分钟内完成。 （9）装瓶：已高温杀菌的玻璃瓶，趁热将煮好的猕猴桃酱装入瓶中，装罐时应在罐内保留5～8mm顶隙。 （10）密封：迅速拧紧瓶盖密封，趁热将瓶倒置，冷却后翻转，这样可以使瓶中没有装满的上部也得到消毒。	了解实验原料及器材 根据微课展示及教师讲解学习猕猴桃果酱制作的工艺流程，牢记操作顺序，关注操作中的注意事项。	通过微课、PPT展示，学生全方位掌握工艺操作流程及各个步骤的操作意图。

续　表

教学环节	任务分解	知识要点	教师活动	学生活动	设计意图
新课讲授	布置任务（5分钟）	任务内容：学生分组完成猕猴桃果酱的制作	布置任务，强调操作时需要遵循的操作要求、卫生要求、安全要求	接受任务，明确要求，组内再分工	确定目标任务
	学生分组完成（45分钟）	学生进行实操制作	教师巡视各组的操作情况，适时指导操作	1.学生组内再分工，明确每个组员的任务 2.学生按流程制作果酱	
	过程性评价（20分钟）	学生了解本次实验的评价标准、成品质量标准。 1.评价项目			贴近食品专业实操场景的职业道德、思政融合。聚焦职业道德和专业实践。

学生了解本次实验的评价标准、成品质量标准。

1.评价项目

评价个体	评价项目		
小组自评	产品质量	是否操作规范	团队合作效果
小组互评	产品质量：色泽、状态、口感		
教师评价	产品质量	是否操作规范	团队合作效果

其中参考标准：

产品质量标准：
色泽：成品应呈黄绿色或茶色，有光泽、均匀一致
状态：酱体呈焦黏状，无分泌汁液、无糖颗粒
口感：甜酸适口，具有猕猴桃果酱应有的良好风味，无焦糊味，无异味
操作规范：
操作前：是否保持双手清洁，是否保持衣帽整洁
操作中：加工过程是否按规范要求操作，杀菌环节是否控制得当，是否注意安全操作、卫生操作
操作后：是否按规范放置冷却产品，是否卫生操作

向学生强调严谨的规范操作精神和求实的科学态度，在思维碰撞中，提高辨别能力，遵守职业道德意识。

2.学生开始自评、互评并打分
对各组实验评出等级：
满意5分、比较满意4分、基本满意3—2分、不满意1分

评价项目 评价个体	第1组	第2组	第3组
自评			
互评			
教师评价			

各组组长按照评价项目、标准对本次实验进行评价打分。

体认职业角色的活动，将思政课和专业课的学科知识融会贯通。

续 表

教学环节	教师活动	学生活动	设计意图
实验小结（5分钟）	1.总结本节学习目标和重难点。 2.总结本次实操课的考察重点。	听取教师的评价和总结	小结归纳，体会更深刻

作业布置
1、完成专业实操报告，巩固果酱加工工艺和操作规范。 2、分组完成实验室整理清扫。

板书设计

一、实验任务：

分组完成猕猴桃果酱制作

重点：熟练果酱制作工艺

难点：规范操作，保证产品质量

二、工艺流程：

玻璃瓶杀菌→原料选择→清洗→去皮→榨汁→称重→预煮→加糖浓缩→趁热装瓶→密封→冷却→成品

三、实验评价：

对各组实验评出等级：

满意5分、比较满意4分、基本满意3—2分、不满意1分

评价项目＼评价个体	第1组	第2组	第3组
自评			
互评			
教师评价			

教学反思

　　作为一堂产品制作的实操课，课前的准备工作非常重要。学生通过对"猕猴桃果酱的制作"微课的学习、教师的规范操作的讲解，对食品生产中的工艺流程、规范操作、安全卫生要求有一个具体而感性的认识，消除了学生对工艺课学习的畏难情绪，激发了他们对食品工艺课程学习的兴趣。在本节实操课中教师运用项目教学法给学生布置任务，要求学生根据微课的展示、教师的讲解，分组完成果酱的制作，而是否操作规范安全、是否有团队协作、是否从中发现问题解决问题成了考察学生的重点。在评价时，采用了过程性评价＋结果评价：对学生各组的操作规范、团队合作情况及产品质量进行组内自评、小组互评和教师评价，使教学评价更加立体、多样、全面。整节实操课促使学生对增强理解能力和动手能力，举一反三、推断同类产品制作方法，以及操作中的相互协作、合理安排有了较深刻的思考。

　　课程的整合，拓展了教师的教育视野，通过教师的跨学科课程开发、跨学科培养教学、跨学科评价，将"思政学科＋职业情境"跨界融合，在同一个课堂深度融合，大大提升了教师对课程的统整能力，有利于教师教学理念的转变和教学素养的提升。

第九章 "中职信息技术＋专业"课程整合与教学

第一节 基本策略

一、信息技术的基本定义

信息技术（Information Technology，缩写IT）的基本定义，往往因其使用的范围、目的、层次等不同而有不同的表述。

从广义来讲，信息技术，是主要用于管理和处理信息所采用的各种技术的总称。它主要是应用计算机科学和通信技术来设计、开发、安装和实施信息系统及应用软件。它也常被称为信息和通信技术（Information and Communications Technology, ICT），主要包括传感技术、计算机与智能技术、通信技术和控制技术。

这里，我们所说的信息技术是从狭义上讲，主要指研究如何获取信息、处理信息、传输信息和使用信息的技术。

二、中职信息技术课程学科核心素养与课程目标

2020年，教育部颁布《中等职业学校信息技术课程标准》，其中明确，中等职业学校信息技术课程是各专业学生必修的公共基础课程。

（一）信息技术学科核心素养

学科核心素养是指学生通过学科学习与运用而逐步形成的正确价值观念、必备品格和关键能力。中等职业学校信息技术课程学科核心素养主要包括信息意识、计算思维、数字化学习与创新、信息社会责任四个方面。

（二）信息技术课程目标

中等职业学校信息技术课程要落实立德树人的根本任务，通过理论知识学习、基础技能训练和综合应用实践，培养中等职业学校学生符合时代要求的信息素养和适应职业发展需要的信息能力。

课程通过多样化的教学形式，帮助学生认识信息技术对当今人类生产、生活的重要作用，理解信息技术、信息社会等概念和信息社会特征与规范，掌握信息技术设备

与系统操作、网络应用、图文编辑、数据处理、程序设计、数字媒体技术应用、信息安全和人工智能等相关知识与技能，综合应用信息技术解决生产、生活和学习情境中各种问题；在数字化学习与创新过程中培养独立思考和主动探究能力，不断强化认知、合作、创新能力，为职业能力的提升奠定基础。

三、中职信息技术与中餐烹饪专业学科课程融合

（一）基本策略

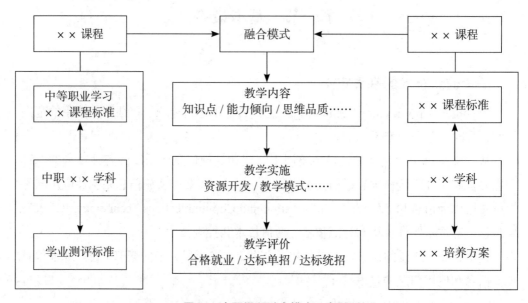

图 9-1 中职课程融合模式示意图

如图 9-1 所示，中职课程融合模式意在立足公共基础课程和专业课程在教学内容、教学实施过程、教学评价等方面探究实施融合的可能性。在公共基础课程中，以该学科教材为载体，以该课程标准和学业测评标准为融合探究主线，对应专业课程中的专业学科，基于该专业课程的课程标准和人才培养方案，寻找可融合的契合点。教学内容上的融合，可以是两门课程对应知识点、能力点、思维品质等；教学实施过程的融合，可关注教学工具、资源开发、情境设置、教学模式构建等；而教学评价的融合，可从学生能力和岗位需求出发，按职业岗位需求标准、单招考试标准和统招考试标准等方面进行。

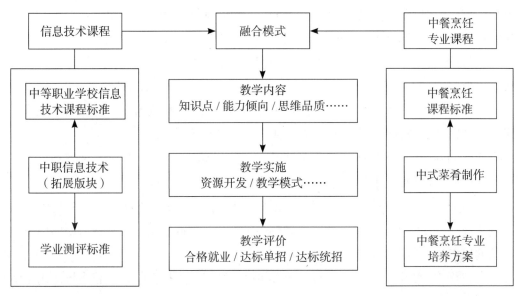

图 9-2 "信息技术"+"中式菜肴制作"融合模式示意图

依据《中等职业学校信息技术课程标准》，对应学科核心素养和培养目标，明确课程教学内容、教学目标，根据学情明确教学重难点，同时结合学生所在专业人才培养方案及学生未来岗位需要，分析学生该专业课程学习进程情况，选择适当教学资源和工具，拟定教学策略。要特别注意的是，在课程融合过程中，要寻求信息技术与专业课程的联系和契合点，将信息技术核心素养和中餐烹饪专业职业素养的培养有机地贯穿到教学内容、教学实施、教学评价等过程中。

（二）策略运用案例说明（以中职信息技术＋中餐烹饪专业课程"中式菜肴制作"为例）

中职信息技术教学案例"PPT 模板搭建与素材导入"

本案例涉及的是高等教育出版社 2021 年出版的信息技术拓展模块电子演示文稿（PowerPoint）的幻灯片制作，本课是学习该软件的基础入门部分。教师在郫都区友爱职业技术学校 2021 级中餐烹饪专业学生信息技术课教学中，与该专业"中式菜肴制作"课程进行了融合教学，共 2 课时，现以其中第 1 课时为例，具体过程如下。

情境导入：教师以推广川菜文化为引，让学生分组成立川菜工作室。工作室以电子演示文稿推广本工作室川菜菜品为项目任务。学生进入职业岗位角色中，明确任务目标。播放 PPT 制作的川菜制作幻灯片成品，引起学生尝试欲望。

提出问题：要推广菜品，就需要一定的技术手段或者工具。前面，工作室成员分工撰写脚本、动手制作川菜，拍摄制作过程中的图片和视频，获取到视频和图像素材后，用视频编辑软件喵影工厂、剪映制作，形成视频作品，再发布到抖音等平台进行推广。展示的作品和前面学习的工具不同，但是却能达到相同的效果，甚至更方便演示者控制演示过程。明确使用的工具软件，通过课前预习，了解其使用的场合。

回答问题：课前，学生通过回忆、分组讨论在学习通平台中预习学习到的内容，回答以上问题。

再次提问：通过课前学习，学习 PPT 的运用规范，了解通常有些什么具体规范要求，教师通过学习通平台上随机点名，抽取学生回答问题。

回答问题：学生通过回忆课前在学习通平台中预习学习到的内容，回答通常 PPT 的设计中应包含封面、目录、标题页（过渡页）、内页、结束页（封底）。

教师展示：展示常见的 PPT 模板，让学生从感性上认识到不同场合当中 PPT 展示的规范设计，让学生从形象的角度去理解模板规范，引起学生学习兴趣。明确网络中下载的模板只供学习，不能用于商业用途。

实践操作：学生通过网上搜索，学习如何通过网络进行自学，下载模板，用于学习 PPT 规范的直观学习和下一步学习，强调下载资源的用途范围，树立版权意识。

答疑解惑：将上一环节中巡视发现的问题进行展示，让学生进行讨论，让学生通过讨论先行解决，教师最后解决比较棘手的问题。

实践操作：学生运用前面的脚本和素材，尝试使用下载的 PPT 模板进行修改，按照菜肴背景文化介绍、制作准备、制作流程、成品展示的顺序，形成推广中餐烹饪专业川菜制作推广电子演示文稿初稿。

案例总结：展示学生修改后的作品，邀请学生从中餐烹饪专业和信息技术技能完成度等角度进行点评，在进行点评的过程中，教师强调本节课涉及的 PPT 中的基本编辑要点：插入、删除、调序、复制、添加备注说明等。

教师在课堂教学的第一课时里实施了探究式教学，包括自主探究、协作交流、实践操作、答疑解惑、总结提高等。

课前任务单和课前在线学习是对于学生预习情况的自我检测，课中任务单是检测学生在课中的完成情况；教师在教学实施过程中，引导学生按照了解电子演示文稿的使用场合—设计规范—修改脚本—修改模板内容的基本流程，对中式菜肴的推广作品进行了初步设计。学生课前预习和课中下载 PPT 模板，是学生学会网络信息素养的集中体现；而学生配合手中素材来修改脚本是为了培养学生自主解决问题的能力；教师引导学生总结，进一步提高学生对电子演示文稿软件的认识，让学生从川菜专业的角度对作品进行点评，提升学生归纳总结的能力和专业职业素养，也是本课程融合设计的重要体现。

第二节　实践案列

一、信息技术教学设计（一）

教学主题	模板搭建与素材导入				
所属课程	信息技术	授课对象	高二中餐烹饪专业学生	授课课时	2 课时
选用教材	《信息技术》，高等教育出版社，2021 年版。				
设计理念	本课着眼于项目三——"品麻辣滋味，汇美食故事"，将树立文化自信、推广川菜文化引入课堂，依据计算机软件模块学习——演示文稿制作构建模块化课程体系。				

内容分析

　　本课着眼于项目三——"品麻辣滋味，汇美食故事"，将树立文化自信、推广川菜文化引入课堂，依据计算机软件模块学习——演示文稿制作构建模块化课程体系。本次课选自第五单元项目三中的任务 1，对应演示文稿制作中的了解演示文稿功能、特点、应用，拟定较为规范的演示文稿脚本，下载模板、通过编辑幻灯片修改模板形成初期作品雏形后导入素材的环节，是新软件学习的开篇，是开启格式化对象工作的前提。

第五单元　推广川菜文化		
项目一：寻川菜大师　录精湛厨艺	任务 1：项目创建	
	任务 2：图文获取与处理	
	任务 3：美篇设计与评价	
项目二：求五味调和　索声色美化	任务 4：音频获取与处理	
	任务 5：视频获取与处理	
项目三：品麻辣滋味　荟美食故事	任务 6：模板搭建与素材编辑	
	任务 7：幻灯片动画设计	
	任务 8：演示文稿预展	
项目四：展巴蜀文化　扬中华传统	任务 9：作品封装与发布	
	任务 10：项目评审	

学情分析	知识基础	熟悉 word 中文本、图像编辑处理常用操作方法； 熟悉图片、音视频等多媒体素材格式类型及转换方法。
	能力水平	通过美篇和抖音任务的完成，已确定主题并能熟练运用 word 进行项目脚本的编写，能运用网络和工具进行多媒体素材的获取、编辑处理。
	行为特征	本专业学生喜欢用模仿、体验、角色扮演等方式来学习新知，少数学生主动学习意识不强。
教学目标	知识目标	1. 了解演示文稿的功能、特点及应用领域。 2. 了解演示文稿常见模板结构。 3. 理解演示文稿常用视图的功能。
	能力目标	1. 能通过教师提供的网站或自行搜索下载模板。 2. 能根据演示文稿规范和任务主题，形成演示文稿脚本；=。 3. 熟悉演示文稿编辑的操作方法。
	素质目标	培养学生自主学习能力、培育学生团队协作、归纳组织能力和语言表达能力，学习工匠精神，增强文化自信和职业幸福感。
教学重点		常见演示文稿作品的规范框架和脚本的修改。
教学难点		模板素材导入及编辑技巧。
教学组织		以项目引导下的任务驱动式教学为导向，将教学内容进行结构化处理，构建"线上＋线下"混合模式，将整个教学过程分为课前探索、课中导学、课后拓展三个环节，将培养学生团结协作和表达能力、增加文化自信、提升职业幸福感和信息技术核心素养贯穿始终。
教学方法	教法	任务驱动法、角色扮演法
	学法	合作学习法、小组讨论法
	学法指导	渗透指导、交流指导
教学资源		高教社配套数字资源网站、学习通、智慧职教

二、信息技术教学活动（一）

教学环节	学习内容	教学活动		设计意图
		教师活动	学生活动	
课前导学	学习通平台微课、项目实训报告： 1. 演示文稿作品应用工作场景、模板下载方法 2. PowerPoint 模板框架简介 3. PowerPoint 编辑、素材导入方法	1.将微课通过学习通平台发给学生进行预习 2.发布项目实训报告，要求学生课前完成微课学习，完成模板下载和工作室脚本的拟定 3.上课前发送课前预习视频到学生端电脑	1.预习学习通微课，了解本课任务，按照工作室主题和微课介绍的演示文稿规范要求，完成模板下载 2.准备前面任务所用到的图片、文字、音频、视频素材 3.检查学生端电脑微视频是否成功收到	1.学生课前自学，预习 PowerPoint 2013 演示文稿作品应用领域，了解其主要功能和特点，完成模板下载 2.学习常见类型的演示文稿的框架要求 3.学习编辑演示文稿和导入素材的方法，为课堂上进行素材导入做好准备
	第一课时			
课中探究	激趣导入	1.学习通平台签到 2.学习通平台课前预习情况 3.抖音作品 4.演示文稿作品 5.学习通抢答	1.检查签到情况； 2.对认真观看微课的参与人员提出表扬； 3.展示由学生制作的抖音作品和用 PowerPoint 制作的作品； 4.就使用场合、展示特点、感染力、使用操作性等方面写出两种形式的作品的不同之处，然后抢答； 5.回顾前面两个项目，引出新项目。	1.进入学习通平台签到； 2.观看微课，了解课前预习结果； 3.欣赏抖音视频和 PowerPoint 制作的作品； 4.讨论后，在各组海报纸写出不同之处，参与抢答； 5.回顾前面的项目作品，了解新项目。	1.课前预习情况汇总评价，激励学生； 2.学生通过对比抖音和 PowerPoint 作品，初步了解 PowerPoint 演示文稿的主要特点，形成感性认识； 3.点燃学生热情，激发其迫切学习 PowerPoint 的愿望，让学生直观了解该软件的基本特征。
	搭建框架	幻灯片展示： 1.产品推广、公司年会、总结表彰会、婚礼现场、表演活动等场合用到 PowerPoint 作品； 2.演示文稿作品 A 的设计框架。	1.提问：通过课前预习，制作一个常用的 PowerPoint 作品需要依照什么样的"套路"呢？封面—目录—标题页—内页……结束页（封底） 2.评价学生拟出的框架。	1.了解应用领域，讨论回答，并在海报上拟出常见演示文稿的规范框架，拍照上传至学习通平台； 2.修改演示文稿框架。	1.巩固课前预习效果，通过观察模板进一步了解常见演示文稿的主体结构规范，同时形成不同场合需要不同框架及内容的总体认知； 2.培养学生做事仔细、勤于记录和思考的学习习惯。

教学环节	学习内容	教学活动		设计意图
		教师活动	学生活动	
课中探究	形成脚本	课件展示：依据幻灯片设计规范，修改各工作室脚本，为修改模板做准备。请在海报上书面完成，并拍照上传到学习通上。	1. 布置任务：请仍以川菜专业为背景Power Point的脚本 2. 监督学习通上对各组拍摄的脚本进行评分的情况。	1. 修改项目脚本，在海报上呈现，并上传到学习通； 2. 对学习通上对各组拍摄的脚本进行评分； 3. 根据修改意见修改脚本。	1. 专业教育，增加职业自信； 2. 理清演示文稿作品制作思路，为下一步修改模板形成作品雏形做好准备。
	模板扣题	课件展示： 1.PowerPoint中幻灯片编辑的方法操作视频； 2.将下载模板根据主题脚本进行修改，并添加幻灯片备注说明。	1. 展示幻灯片修改操作视频；提示：幻灯片备注可在系统默认的页面视图进行，在页面视图下才能进行幻灯片编辑。模板图片用更换的方式更为简单； 2. 安排各"领衔人"负责对内帮扶； 3. 巡视辅导，收集主要问题。	1. 进行模板修改； 2. 领衔人进行组内帮扶，讨论解决问题； 3. 形成作品1，通过多媒体教学系统发送到教师端。	1. 利用课前学习的编辑幻灯片的方法将模板按照脚本进行修改，便于下一步进行素材导入； 2. 培养学生利用网络资源进行学习的信息素养。
	答疑解惑	课件展示；答疑解惑	口述在巡视过程中搜集到的主要问题： 1. 添加与模板相似幻灯片的方法与单独添加一页的方法； 2. 如何在原有模板上增加不同类型对象，请学生抢权上台尝试演示，教师演示解决办法之一。	1. 思考解决办法； 2. 学习通平台抢权上台演示； 3. 观察教师演示。	预设学生容易出现的问题，以案例的形式解决学生在实际操作中遇到的难点，达到解决问题的目的。

续 表

教学环节	学习内容	教学活动		设计意图
		教师活动	学生活动	
课中探究	案例总结	1. 学生作品 2. 演示文稿规范流程图及编辑幻灯片要点：插入、删除、调序、复制幻灯片，添加备注说明	1. 引导学生评价学生作品：框架规范、内容切题而完整； 2. 用完形填空的方式进行演示文稿规范流程图的回顾（抽问）； 3. 在学习通平台上用游戏方式总结编辑幻灯片的主要操作（抢答）； 4. 猜想下一步我们的项目应该做什么？请下节课回答。	1. 学生点评并通过做完形填空，总结演示文稿规范框架； 2. 回顾演示文稿，规范编辑演示文稿的操作方法； 3. 思考下一步任务。	1. 训练学生表达能力； 2. 引导学生做事要有条理有思路，做个有心人。
第二课时				
课中探究	分组任务	课件： 1. 任务布置：导入素材 2. 导入素材微视频	1. 接上一课时结束时问题，在学习通上设置抢答； 2. 用课件展示任务，并播放导入素材，布置任务微视频； 3. 布置填写实训报告。	1. 抢答：应该把素材装进去； 2. 导入素材，需要的学生参考微视频； 3. 在项目实训指导书上记录主要问题，拍摄上传学习通。	1. 引出任务，明确任务； 2. 实施任务，分层学习； 3. 引导学生，做学习有心人。
	实践检验	课件展示：我的作品我做主	在学习通发布抢答，完成如下操作： 1. 在原模板中将原图片更换成另一张图片； 2. 在新增幻灯片中添加一张新的图片； 3. 插入音频时被提示"无法识别""插入音频失败"，怎么办？	抢答，进行实操展示	模板中更换对象和添加对象，是本课时难点，通过强调强化训练来突破该难点。
	完善作品	深入修改完善素材内容。	强调：只补充素材内容再次播放导入素材微视频	完善作品，形成作品2，上传到教师机。	1. 巩固对演示文稿的对象的编辑操作能力； 2. 培养追求精益求精的工匠精神。

教学环节	学习内容	教学活动		设计意图
		教师活动	学生活动	
课中探究	作品推介	1.请工作室进行内部推选，选出一个作品代表本工作室； 2.组织代表讲解制作流程、制作心得和问题。	讨论推荐组并组织语言，推举解说人员，上台讲解。	1.帮助学生理清本课时学习要点和制作思路； 2.训练学生沟通能力、口头表达能力。
	总结评价	1.播放动画 2.对本次课总体表现进行评价，要求学生进行评价	学生"玩"游戏总结所学知识与技能。	让学生在轻松的氛围中完成本课时总结。

评价方案

1.评价构成

由学习通平台系统成绩、学习过程表现、实操演练成绩、学生自评和互评、教师评价构成。

2.评价要素

学习通平台完成课前、课中和课后全过程学习轨迹记录和评价。主要包括：课前预习、课堂签到、课堂活动、课后拓展等要素。

3.评价主体

课前预习、课堂签到、课堂活动参与情况等由学习通自动记录并打分，课堂考核由学生和老师共同评价，课后拓展由教师评价。

反思诊改

1.效果与创新：

通过学习通进行线上和线下教学，使学生学习情况有迹可循，直观有趣，有利于分层教学。全班95%学生能主动参与到拟定脚本的讨论中，88%以上学生能根据工作室脚本对模板进行加工，形成本工作室的主题模板；学生描述工作室脚本中，能正确组织语言，阐述主要思路，语言表达能力得到一定训练；

职场情境模拟。项目以工作室开展川菜文化推广活动为背景，将学生专业和职场融合，既促专业学习亦炼职业功底；教育思政，师生共育。教师在教学过程中，反思文化自信的重要意义，有意识地加强学生文化自信的培育，培养工匠精神。

2.诊断改进：

本专业学生基础差异较大，个别学生在学习通预习微课等时，主动性不强，教师需在设计问题和测试题时考虑到不同层次学生接受度并重点关注能力较弱学生的课前学习情况；脚本编写中体现出部分学生文字功底较弱，表述能力需要加强。

三、信息技术教学设计（二）

教学主题	二十四节气宴席菜肴配置				
所属课程	中式菜肴制作	授课对象	高二中餐烹饪专业学生	授课课时	1 课时
选用教材	《中式菜肴制作》，高等教育出版社，2010 年版。				
设计理念	模块三"宴席制作"中的四个项目依托"二十四节气习俗与饮食"为主题，形成"饮食文化、均衡营养、菜肴配置、菜单设计、烹饪技法、宴席制作、宴席制作、结果评价"八个具有连续性、可操作性、广泛运用性的任务点，融入系统化的思政元素，并力求现代餐饮菜品设计制作的创新，使学生愿意学、易理解、能操作、会实战。				
内容分析	本次任务点的教学内容为"宴席菜肴配置"，通过本任务的学习和操作，使学生掌握宴席菜肴的基本构成和宴席菜肴配置的比例，能根据企业经营特色、各地区的饮食习惯、季节变化、宴席的规格档次及宾客需求，灵活调配各类菜肴占据宴席成本的比例，保持整席菜点的搭配均衡，能结合前面所学的营养搭配，根据不同主题的宴席菜肴的档次进创新搭配，提高学生的创新意识同时具有良好的职业道德和爱岗敬业精神。				
学情分析	知识基础	学生基本掌握烹饪原料与加工技术、地方名菜、烹饪营养、厨房的管理及宴席菜肴的基本构成等知识，合格率达到了 80% 以上。			
	能力水平	1.本班级学生烹饪实操能力不错，对理论课程的理解和运用及人文素养基本达标。 2.创新和研发能力不足。 3.审美能力还有待提高。能灵活运用所学的知识和网络工具来解决实际操作中的问题能力不足。			
	行为特征	1.学生对理论课兴趣不高，注意力不够集中。 2.大部分学生表现欲较强，但全班有约 80% 的同学因表达能力不足存在胆怯的心理。 3.对新鲜事物、新观念容易接受，适应性强。 4.学生偏好于实操课，动手能力较强，喜欢可视化、数字化教学资源。 5.学生对活动介绍小组的创新搭配非常感兴趣，学生喜欢多元化的教学方法和活动。			

教学目标	知识目标	1. 了解各类宴席分类及菜肴的基本构成。 2. 熟悉现代宴席菜肴的组成和配置宴席菜肴的本原则。 3. 掌握各类宴席菜肴的配置比例。
	能力目标	1. 通过宴席菜肴基本构成的学习，能够运用各类宴席菜肴的基本构成原则再根据要求合理配菜。 2. 通过对宴席配菜比例的学习，能够根据主题要求进行创新的宴席设计菜肴搭配。
	素质目标	1. 让学生了解各类宴席，加深对中餐饮食文化的认识与提升，提高学生对学习本课程的兴趣。 2. 通过分组进行延期设计及制作，让学生具有团队协作精神和能力。 3. 通过练习的设计、制作及品鉴，学生体会到成就感，提升学生进一步学习的兴趣。
教学重点		1. 了解各类宴席分类及菜肴的基本构成。 2. 熟悉现代宴席菜肴的组成和配置宴席菜肴的基本原则。 3. 掌握各类宴席菜肴的配置比例。
教学难点		1. 通过宴席菜肴基本构成的学习，能够运用各类宴席菜肴的基本构成原则再根据要求合理配菜。 2. 通过对宴席配菜比例的学习，能够根据主题要求进行创新宴席设计和菜肴搭配。

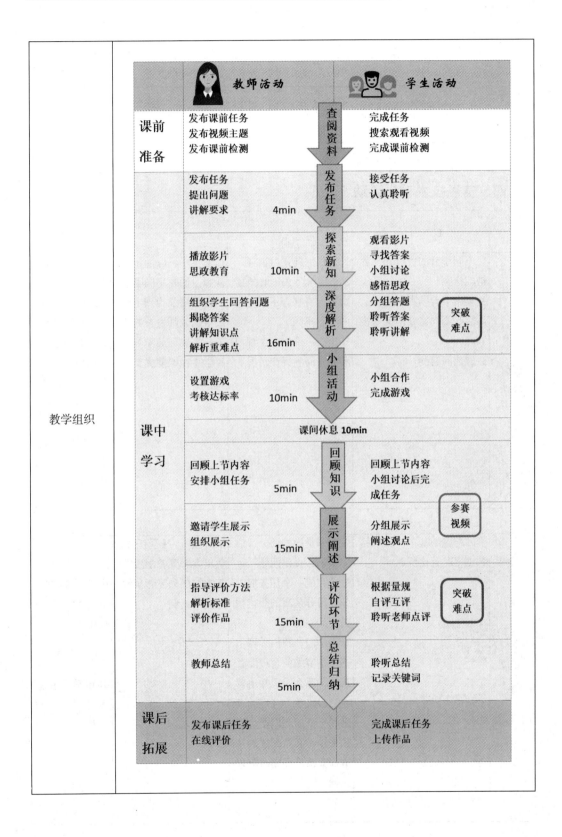

续 表

教学方法	教法	任务驱动法、情景教学法、思维导图法
	学法	探索发现法、小组合作法、体验式学习法
	学法指导	渗透指导、交流指导
教学资源		学习通、问卷星、希沃白板

四、信息技术教学活动（二）

教学环节	教学内容	教学活动		设计意图
		教师	学生	
课前导学	1. 不同季节的食材和营养搭配比例。2. 宴席菜肴国宴、婚宴、寿宴等不同宴席的菜肴视频。3. 课前问卷测	1. 制作课前预习视频 2. 指导学生去了解国宴、婚宴、寿宴等不同宴席的菜肴视频。3. 检查、评估学生预习和调查问卷提交情况。	1. 学生学习课前预习视频，回顾不同季节的营养搭配找到主题。2. 根据老师发布的任务，完成课前学习。3. 学生在课前提交问卷。	1. 通过分组确定目标。2. 加强学生对季节营养的掌握，并通过季节来确定主题。3. 通过观看视频引导学生思考。4. 通过问卷调查了解学生所掌握的宴席配置知识。
		第 1 课时		
发布任务	宴席配置的基本构成菜品和宴席配置比例	发布课堂中的任务、讲解要求、提出问题 1. 每完成一个任务加 1 分，得分最高的获得精美礼品一份 2. 同学们，我们学习了不同季节如何合理配置营养，那么，想知道营养配置科学、合理的宴席吗？下面我们通过视频来学习宴席配置的基本构成菜品和宴席配置比例。	认真倾听，接受任务，找出宴席菜肴配置的基本构成和宴席菜肴配置的比例。	用奖励的方式提高学生学习兴趣。引导学生在观看视频中进行思考。

续 表

教学环节	教学内容	教学活动		设计意图
		教师	学生	
探索新知	宴席菜肴国宴和婚宴的菜肴视频，找到任务里的答案	教师运用多媒体播放国宴和婚宴的菜肴视频。巡视课堂，了解学生完成情况。	观看视频，找出答案，做好记录，完成任务。	通过视频引发学生思考学习。
深度解析	1. 宴席配置的菜肴包括冷菜、一般热菜、大菜、甜菜、面点、汤及时令水果等 2. 宴席菜肴的上菜顺序：冷菜、热菜、大菜、面点、汤、时令水果。 一般在宴席的最后上水果 3. 配置筵席菜肴的一般原则 ①因人配菜 ②因价配菜 ③因时配菜 ④要注意菜肴色、香、味、形、器的配合，按照分组结合中国传统节日、生日、升学、婚宴等重大事件，各组讨论制定出各自的宴席主题 4. 宴席菜肴配置比例： ①一般宴席 冷菜约占宴席成本的10%，一般热菜约占宴席成本的40%，大菜、面点约占宴席成本的50%	1. 同学们从视频中了解到的内容有哪些呢？ 2. 总结同学们的答案并公布正确答案。 3. 详细讲解宴席菜肴都有哪些配置。 4. 同学们知道宴席菜肴的上菜顺序吗？（并补充）	举手发言，讲解自己从视频中学到的内容。 认真聆听，思考没有找到的内容。 认真聆听并做好记录。	增加课堂兴趣，采用提问方式与学生互动交流。 提高学生的语言组织能力。

教学环节	教学内容	教学活动		设计意图
		教师	学生	
深度解析	②中档宴席 冷菜约占宴席成本的15%，一般热菜约占宴席成本的30%，大菜、面点约占宴席成本的55% ③高档宴席 冷菜约占宴席成本的20%，一般热菜约占宴席成本的30%，大菜、面点约占宴席成本的50% 5.不同场合的宴席菜肴配置比例不是一成不变的，可根据本企业经营特色、各地区的饮食习惯、季节变化、宴席的规格档次及宾客的需求，灵活调配各类菜肴所占宴席成本的比例，保持整席菜点的搭配均衡	5.同学们觉得水果应该什么时候上席？（表扬回答正确的学生） 6.通过视频对具体宴席案例分析讲解宴席菜肴的一般组成和菜肴配置的比例，结合案例分析练习配菜的基本原则 7.同学们，你们知道宴席菜肴配置比例是什么吗？（并补充） 8.不同场合配不同宴席。同学们，你们觉得应该如何安排配置宴席菜肴呢？（并补充）	通过记录思考宴席菜肴上菜的顺序，并举手发言。 思考并举手发言。 认真聆听，思考视频里的宴席菜肴配置的基本原则，做好笔记。 通过前面的视频记录回顾宴席菜肴配置比例并举手发言。 学生可以结合生活和视频讲解学到的知识要点。	通过不断的回答问题，提高了学生的胆量和自信。 通过提问后再补充回答，加深了学生的记忆。
小组活动10min	巩固配餐基础知识——宴席菜肴的配置；确定完成任务的方法和操作思路： 1.设计不同菜品进行菜肴配置连线 2.宴席菜肴比例用不同代表菜品进行填空	利用希沃白板游戏，引导学生理一理： 1.组织同学们完成游戏 2.将宴席菜肴配置的基本构成菜品图片进行连线 3.宴席菜肴不同档次的配置比例用不同的代表性菜品进行填空	有序完成游戏 按组上台完成连线图 分组交流后完成填空题	通过学生完成游戏，激发学生的兴趣和思考 提高同学们对本堂课理论知识的掌握能力

续 表

教学环节	教学内容	教学活动		设计意图
		教师	学生	
		第 2 课时		
回顾知识	1. 宴席菜肴的基本构成 2. 宴席菜肴的配置比例 3. 如何按不同场合进行宴席菜肴创新的配置	1. 组织每组讨论交流。 2. 分别按春季、夏季、秋季、冬季进行高、中、低档次的宴席菜肴配置	小组进行交流讨论，设计出不同主题宴席菜肴的创意配置	通过小组互动完成任务
展示阐述	1. 菜肴构成的内容 2. 宴席菜肴配置的比例 3. 设计的这桌宴席菜肴适合什么样的场合	1. 组织每组代表进行菜肴配置讲解 2. 按季节春、夏、秋、冬从高、中、低档的顺序进行展示讲解宴席菜肴配置 3. 讲解配置的创意和适用的主题	每组代表有序展示讲解 代表发言从高、中、低档的顺序进行展示，讲解宴席菜肴的配置 讲解菜肴配置的主题和适用的场合	小组通过对作品的展示提高学生的语言组织能力、自信、勇气，再次加深对重难点的掌握
评价环节	1. 宴席菜肴设计的意图以及运用场合 2. 宴席菜肴的营养配置、是否安全合理 3. 宴席菜肴的配置比例是否正确 4. 宴席菜肴配置的基本构成是否合格 5. 宴席菜肴配置的创新比例	1. 组织学生组内相互评价 2. 春、夏、秋、冬四个组之间进行互评 3. 教师依托量规对每组评分并进行指导	每个小组组内进行自我评价 分别对其他组进行评价并学习 学生仔细聆听教师评价，进一步完善菜肴配置	通过按要求评价，找出学生所存在的问题并加以改正
总结归纳	1. 菜肴的基本构成 2. 菜肴的配置比例 3. 颁发奖品	教师归纳总结，加强学生记忆，引导学生创新	学生在教师的总结中，再次巩固，内化成自己的知识	加强学生记忆、引导学生创新

课后拓展
1.学习了各种菜肴配置每位同学通过对搭配的相关知识学习，按标准搭配出一桌中档婚宴并在上面进行创新的搭配成拓展任务。 2.收集地方特色菜品，了解不同季节地方的特色菜品。
评价方案
1.评价构成 课前、课中、课后全程表现综合评价。 2.评价要素 学习通平台完成课前、课中和课后全过程学习轨迹记录和评价。主要包括：课前预习、课堂签到、课堂活动、课后拓展等要素。 3.评价主体 师评、自评、生生互评。
反思诊改
1.效果创新 学生经过课前准备、通过课中学习讨论和游戏、课后拓展的学习三个阶段，线上线下混合两条路径，让课堂活动更丰富，培养了学生自学能力学习质量和自信也有所提高。评价量规的使用，细化了过程性评价和结果评价的内容，更科学更严谨。 分组教学使部分同学不仅在专业知识上有所成，同时也锻炼了他们的组织领导能力。在学习过程中，通过学生对作品的自评和互评，更加有效的提高了学生对宴席设计技巧的认知。 2.诊断改进 分组展示的时候同学们的语言组织能力欠缺，从而缺乏一些自信。部分同学欠缺对当季食材的分辨力。可以给同学们提供更多的交流环节，在每次的课堂发言中，提升同学们的语言组织能力。

参考文献

[1] 佚名. 全球主流职业教育模式纵览 [J]. 山西教育（管理），2023(02)：50-51.

[2] 徐平利. 从世界到中国：职业教育课程典型模式的比较和慎思 [J]. 中国职业技术教育，2021（32）：23-29.

[3] 杨晶，吴建国，田雨. 从 STEM 教育视角谈我国中等职业教育发展新方向 [J]. 科技风，2020（36）：66-67.

[4] 许长清. "思政 +" 背景下中职学校立德树人教育模式 [J]. 中学课程辅导，2021（13）：117-118.

[5] 孟万金. 中小学五育并举课程实施的学生向度考察及改进 [J]. 当代教育科学，2022（03）：18-24.

[6] 杨筱玲. 中职学校 "以德为首，五育并举" 的人才培养要求思考 [J]. 广西教育，2019（10）：68-69.

[7] 凌乾川，张泽科. 新时代学科育人内涵的校本表达 [J]. 教育科学论坛，2021（10）：71-73.

[8] 姜震宇. 信息技术与学科课程有效融合的基本特征 [J]. 考试周刊，2019（60）：148.

[9] 刘启珍，彭恋婷. 学与教的心理学：原理与应用 [M]. 武汉：华中科技大学出版社，2021.

[10] 毛德飞. 借理化生学科融合，提升初中学生核心素养能力的策略探究 [J]. 考试周刊，2023(05)：137-140.

[11] 梅建芬. 初中物理基于学科实践促进跨学科融合的思考与实践 [J]. 中学物理，2023(06)：2-5.

[12] 张金萍，杨有贞，尉蕊蕊. 学科融合下主题式教学的探索与实践：以初中物理 "汽化和液化" 为例 [J]. 中学理科园地，2023(03)：40-42.

[13] 袁吉光. 初中物理与其他学科融合浅议 [J]. 中学物理教学参考，2008(05)：14-15.

[14] 许爱群，廖洪钟. 初中物理跨学科融合教学的实践研究 [J]. 物理通报，2023(05)：38-40.

[15] 刘信生，傅求宝.初中物理创新实验资源开发的路径与案例研究 [J].中学物理，2021(14)：19-22.

[16] 任少铎.基于深度学习的初中物理实验备课策略 [J].教学与管理，2022(25)：51-53.

[17] 刘坤.基于新课标的初中物理跨学科综合实践研究：以"设计制作空气吉他"为例 [J].江苏教育，2022(75)：10-12.

[18] 罗新燕."双减"背景下初中物理作业设计探究 [J].知识文库，2023(14)：52-55.

[19] 沈国平.浅析各学科在初中物理习题中的渗透 [J].数理化学习 (教育理论版)，2016(10)：21-22.

[20] 李颖华，徐云龙."单片机文化"课程改革与单片机技术人文化研究 [J].大众标准化，2020(17)：101-102.

[21] 张晓培，蒋庆华，庄远，等."C 语言与单片机技术及应用"课程内容整合与资源重构 [J].科技视界，2022(25)：153-155.

[22] 崔晗，黄思博，林宏翔，等.基于创新能力培养的《单片机》课程教学研究 [J].现代计算机，2021(22)：156-158+163.

[23] 黄克亚.高等院校嵌入式系统课程单片机选型比较 [J].电子世界，2020(01)：22-23+26.

[24] 崔豪，汤成旭，黄杨茂.面向产业的《单片机技术》教学改革 [J].中国新通信，2022(21)：125-127.

[25] 毛德梅，汪明珠，时中荣，等 .单片机实践教学的课程设计 [J].电子技术，2022(09)：79-81.

[26] 陈新芬，王林艳.汽车专业"教学做"合一单片机教学实践研究 [J].科技创新导报，2016(31)：126-128.

[27] 楼俊君，康姝艺，黄云峰，等.以电子设计大赛为导向、探索单片机实践课程建设 [J].电脑知识与技术，2016(31)：223+227.

[28] 伍田平.浅谈中职单片机技术课程教学 [J].电子制作，2013(07)：173.

[29] 郭星辰.以创新能力为导向的立体化单片机综合实验探索 [J].职业，2022(05)：40-43.